Reflexiones éticas

Aristóteles

Reflexiones éticas

Pasajes escogidos

Edición de
Paloma Ortiz García

ariel Quintaesencia

1.ª edición en Editorial Ariel: enero de 2018
Segunda edición: marzo de 2025

Edición de Paloma Ortiz García

Avda. Diagonal, 662-664, 08034 Barcelona
Editorial Ariel es un sello editorial de Planeta, S. A.
www.ariel.es
www.planetadelibros.com

ISBN 978-84-344-3848-4
Depósito legal: B. 3.609-2025

Impreso en España

ÍNDICE

PRÓLOGO

Es sabido que la biografía antigua, como el retrato, a falta de datos fidedignos para restituir los trazos que dibujaban el físico o la trayectoria vital de un personaje, no procuraba tanto ofrecer la verdad como presentar verosimilitudes que encajaran bien con los hechos del biografiado y lo que podía haber sido la verdad o para su uso mnemotécnico.

Como dice Plutarco en su *Vida de Alejandro* (1, 2): «No escribimos historias, sino biografías, y tampoco siempre la evidencia de la virtud o de la maldad reside en las acciones más brillantes, sino que muchas veces un asunto menor, una frase o una broma pone de relieve el carácter mucho mejor que batallas con decenas de miles de muertos o que las mayores formaciones de combate o asedios de ciudades; igual que los pintores toman las semejanzas del rostro y de los rasgos de fisionomía en que se muestra el carácter...».

De ahí, por ejemplo, que surgiera el modelo del retrato del filósofo o los retratos-tipo de los monarcas helenísticos que podemos ver en las monedas y que más tarde adoptaron también los emperadores romanos, cuyo fin último era difundir la imagen del gobernante rodeada de nobleza y majestad.

Algo semejante ocurre con las frases célebres que se atribuyen a algunos personajes, como el famoso «Dadme un punto de apoyo y moveré el mundo» atribuido a Arquímedes, cuyo fin último es recordar uno de los grandes hallazgos del siracusano: haber expresado en términos matemáticos el funcionamiento de la palanca.

En esa misma línea está el rico anecdotario que ofrecen las biografías antiguas, como las relativas a la muerte de Eurípides, en unas versiones por obra de una jauría —el mismo final que su personaje Acteón— y en otras a manos de una turba de mujeres enfurecidas —como ocurrió al Penteo protagonista de *Las Bacantes*—. Eso no significa, por descontado, que todos los datos ofrecidos por los biógrafos antiguos deban ser despreciados, sino que se ha de procurar contrastarlos con otro tipo de fuentes.

Huelga decir que el caso de Aristóteles no es muy distinto, y que en los datos biográficos que se nos han transmitido y circulan en relación con él encontramos que se mezclan verdades, verosimilitudes, tópicos y algún que otro aserto *non vero, ma ben trovato.* Aparte de que, naturalmente, quedan cuestiones sin resolver: procuraremos dar breve cuenta de todo ello.

LA VIDA

Aunque las fuentes no lo mencionan expresamente, Aristóteles estuvo en relación con el poder macedonio con mayor o menor proximidad y de un modo intermitente a lo largo de toda su vida, según se desprende de los hechos. Datos asegurados por la coincidencia entre las fuentes son su lugar de nacimiento (384 a. C.), Estagira, en la península Calcídica, su temprana orfandad y el hecho de que su padre, Nicómaco, había sido médico en la corte de Amintas II de Macedonia; también, que su tutor fue Próxeno, casado con Arimnesta, la hermana de Aristóteles. Y que a los diecisiete años, la edad en que los jóvenes comenzaban su educación superior, el joven estagirita inició su vida mundana en Atenas y durante casi veinte años (367-347 a. C.) tomó parte en los trabajos de la Academia platónica. Según deducen los estudiosos, es probable que fuera en esa época cuando, bajo la influencia de su formación, redactara sus primeros escritos, destinados, como los diálogos de Platón, al público en general; esas fueron las obras de Aristóteles más difundidas en la Antigüedad y, en realidad, las únicas conocidas hasta fines del siglo I a. C.

Tampoco cabe duda de que a la muerte de Platón —Diógenes Laercio dice que un poco antes— abandonó la Academia y poco después comenzó un periplo que le tuvo fuera de Atenas doce años y cuyas principales escalas antes de regresar a Atenas (y tal vez tras pasar algo de tiempo en Pela) fueron Aso, en la Tróade, Mitilene, en la isla de Lesbos, y Pela.

En Aso (347-344 a. C.) se movió en el círculo de Hermias, tirano de Atarneo y aliado de Filipo en razón de la favorable situación de la ciudad como cabeza de puente y territorio favorable para apoyar las expediciones proyectadas por el macedonio en sus planes de expansión por Asia. Tras ese período Aristóteles, acompañado de Teofrasto, se dirigió a Mitilene, de donde este discípulo suyo era natural. En Lesbos (344-343 a. C.) realizó los trabajos que luego reflejó en los tratados de historia natural, y en esas obras Aristóteles menciona los lugares de la isla donde llevó a cabo las observaciones. Y de allí fue a Pela, sede de la corte macedonia (343 a. C.).

Y aquí el lector se dirá: «¡Claro! ¡Que entonces fue preceptor de Alejandro Magno!». Pero esa noticia tan difundida, tan verosímil, tan acorde con la idea de un destino de toques novelescos... no está atestiguada hasta el siglo II d. C. Desde luego es una imagen perfecta: el gran hombre de acción educado por el más destacado filósofo. Pero ninguna fuente histórica del siglo IV relaciona a Aristóteles con Alejandro, y en la tradición biográfica los preceptores del macedonio son Leónidas y Lisímaco, a los que los filósofos echan la culpa del carácter violento e incontinente del conquistador de Asia.

El primero en incluir a Aristóteles como el tercero de sus educadores es Plutarco (50-120), que escribe más de cuatro siglos después de ocurridos los hechos. Pero ¡da tantos detalles de su relación y son tan coherentes con los hechos de ambos y con los caracteres *verosímiles* de ambos personajes...! Además, la frase que atribuye a Alejandro de que amaba a Aristóteles «no menos que a su padre, porque si al uno le debía la vida, al otro el vivir hermosamente», es tan concisa y sugerente que generación tras generación hemos dado por buena la versión plutarquea de que Filipo encargó a Aristóteles la educación de su hijo Alejandro, que ya contaba quince años, y que el filósofo inició al joven en las materias adecuadas para el gobernante, así como también en la filosofía y el aprecio de Homero y los trágicos.

Más o menos en la época en que Alejandro emprendía su viaje a Asia (335 a. C.) volvió Aristóteles a Atenas, pero ya no era lugar para él la Academia, dirigida en ese momento por Jenócrates, de intereses filosóficos bien distintos de los suyos, de modo que fundó su propia escuela en un bosque dedicado a Apolo Liceo, entre el monte Licabeto y el río Iliso. Permaneció dedicado a la filosofía y la enseñanza de la misma hasta poco antes de su muerte. Alejandro murió en 323 a. C. y por esas fechas Aristóteles fue acusado de impiedad —como Sócrates ochenta años antes—; hoy pensamos que en aquella situación política afloraron de nuevo en Atenas los sentimientos antimacedonios, y que esa fue la razón de la acusación y de que Aristóteles decidiera abandonar Atenas, «para impedir a los atenienses pecar por segunda vez contra la filosofía». En su retiro de Calcis, en la isla de Eubea, donde la familia de su madre tenía una posesión, falleció en 322 o 321 a. C.

LA OBRA

Dejó una amplísima obra, compuesta no solo por decenas de volúmenes que contenían escritos para uso interno de la escuela, sino también por las obras a las que él mismo llama «para los de fuera» (*exoterikoí*). De esas obras solo conocemos la *Constitución de los atenienses*, que fue recuperada a fines del siglo XIX en las arenas egipcias gracias al hallazgo de una copia en papiro. Todas esas obras «exotéricas» se mantuvieron en circulación a lo largo del período helenístico y probablemente hasta algún momento del período imperial y conquistaron la fama para su autor. Cicerón se hace eco de esa fama repetidamente, refiriéndose al «áureo río de su discurso» (*Académicos primeros* II 38, 119) y alabando «la riqueza increíble de su discurso, así como la elegancia del mismo» (*Tópicos* I 3).

Los otros escritos, los utilizados por Aristóteles como memorándum para sus clases o como material de estudio para discípulos más avanzados, no fueron difundidos hasta la segunda mitad del siglo I a. C., y Estrabón (*Geografía* XIII 4) les atribuye una peripecia novelesca que seguramente no debemos creer a pies juntillas, pero que contiene un fondo de verdad: el olvido al que estuvieron relegadas las obras aristotélicas de mayor calado filosófico.

De acuerdo con ese relato, Neleo, último discípulo que pudo recibir las enseñanzas directas de Aristóteles y Teofrasto, recibió en herencia la biblioteca de este último, en la que se encontraban también los libros del maestro. Neleo se llevó la biblioteca a su patria, en Escepsis, y la legó a sus herederos, que eran gente corriente y no se ocuparon apenas de ella. La conservaron hasta que los reyes atálidas pretendieron hacerse con los libros para enriquecer su biblioteca de Pérgamo, y en ese momento los ocultaron en una cava hasta que (más o menos a principios del siglo I a. C.) se los vendieron al bibliófilo Apelicón de Teos. A la muerte de este, Sila[1] se llevó los libros a Roma. Allí se hizo con ellos el gramático Tiranión, que (entre 70 y 20 a. C.) con la ayuda del peripatético Andrónico de Rodas, los reunió, ordenó y editó.

Las obras así recuperadas acabaron desbancando a los brillantes escritos que Cicerón admiró, y son las que hoy conocemos: el *Órganon*, la *Física*, la *Metafísica*, el *Sobre el alma*, la *Historia de los animales*, la *Política*, las tres éticas (la *Nicomáquea*, la *Eudemia* y la *Gran Ética*), la *Retórica*, la *Poética*...

El estilo menos pulido de estas, frente al de las exotéricas, no ha suscitado alabanzas, sino más bien avalanchas de teorías que pretenden explicar esa diferencia: que si son simples notas, que si son apuntes de los discípulos... Pero la coherencia de pensamiento y cierta uniformidad estilística general rechazan esas hipótesis, y las divergencias en las opiniones que a veces detectamos se explican por el hecho de que no abordaba los asuntos de modo definitivo, sino que volvía sobre ellos una y otra

1. Que tras conquistar Atenas ya se había llevado a Roma gran cantidad de las estatuas que adornaban la ciudad.

vez. Por otro lado, la mayoría de las obras muestran una plenitud en la expresión y una atención a la forma literaria incompatibles con la posibilidad de que sean apuntes. En algunos casos se trataba, tal vez, de un intento de conservar las enseñanzas impartidas o las reflexiones preparatorias para las lecciones con mayor detalle y certeza que en la memoria. En ocasiones pudo darse el caso de que en la labor de edición se reunieran materiales originalmente distintos para formar una obra bajo un solo título, y a veces encontramos huellas de interpolaciones que pretenden dar mayor ligazón a las partes de las obras; otras, percibimos soluciones de continuidad en el discurso, que pasa abruptamente de un tema a otro sin relación alguna con el primero. En otros momentos, hallamos redacciones distintas que, versando sobre el mismo tema, contienen materiales muy semejantes, pero con distinta presentación o distintos matices. Todo ello se produce también en las obras de ética.

LA ÉTICA

No se sabe con certeza a qué se deben los nombres de la *Ética Nicomáquea* y la *Ética Eudemia*: tal vez Nicómaco (hijo de Aristóteles) y Eudemo (un gobernante de la isla de Chipre) fueran los dedicatarios de las obras, o tal vez fueron editores de cada uno de esos trabajos, y el nombre de la *Gran Ética* podría proceder de que la obra no estuviera destinada a los principiantes absolutos, sino a discípulos que ya habían comenzado su formación filosófica pero que aún no podían afrontar por sí mismos la lectura de los otros dos tratados, aunque en buena ley el título de «grande» a la que mejor podría convenir es a la *Ética Nicomáquea.*

En comparación, da la sensación de que las otras dos dependieran de esta última: por mencionar el hecho más evidente, tres libros de la *Ética Eudemia* (IV, V y VI) son idénticos a otros tres (V, VI, VII) de la *Ética Nicomáquea.* Y la *Gran Ética* no puede de ningún modo disimular el hecho de que es una forma resumida de las otras dos, aparte de que algunos rasgos gramaticales parecen remitir a fechas posteriores en un siglo. La *Ética Eudemia,* por su parte, menos precisa y menos completa, ha salido perdiendo en la comparación, y ha sido también tenida por apócrifa, aunque a veces la expresión concreta de algún concepto o algún ejemplo puede ser utilizada con provecho. En los debates sobre la autoría precisa y la relación entre las tres éticas los eruditos han hecho gala de su capacidad de observación, análisis y argumentación, pero no es fácil llegar a conclusiones definitivas y por ello no es este el lugar para hacer descripción ni balance de los resultados.

De las tres, la *Ética Nicomáquea* es la de más grata lectura, «decididamente superior por lo acabado de la construcción, la claridad del estilo y la madurez del pensamiento» (Jaeger), y ha sido históricamente la más apreciada: la más copiada en manuscritos y la más editada, y también la más traducida, citada, estudiada y comentada. No es que sea una colección de materiales independientes, pero sí salta a la vista que el ensayo sobre la amistad que ocupa los libros VIII y IX, cuya extensión excede los límites de lo que le correspondería en un tratado de ética, pudo ser un trabajo distinto; igualmente, los finales de los libros IV, VIII y IX no tienen más función que la de unir artificialmente esos libros con los que les siguen y hacen ver que esos textos no fueron concebidos originalmente como parte de este «todo».

Las reflexiones aristotélicas parten de la idea de que todo arte y toda investigación y toda acción y elección tienden hacia algún bien, y el bien mayor y el que no se elige en función de ningún otro es la felicidad: Aristóteles cree que es posible enseñarla (nuestro pasaje número 8). El escrito que plasma su investigación, por tanto, tiene una vertiente didáctica, que se percibe en las frecuentes repeticiones (la felicidad como actividad del alma conforme a la virtud perfecta en los textos 11 y 125; la virtud como término medio en 19, 22, 41, 44, 50 *et passim*) y recapitulaciones (21).

La precisión en las definiciones (4, 67-71) y las precisiones de orden terminológico (18, 96, 107), así como los recordatorios-resumen de resultados alcanzados en otras investigaciones (12, 79), son indicios de su pretensión didáctica y son también rasgos característicos de su método de investigación, al tiempo que dan un rasgo estilístico.

A ellos se unen las citas literarias, sobre todo de Homero (21, 46, 54, 84, 92, 101), y las citas o paráfrasis del pensamiento de otros autores: sirven como ejemplo (130), sirven de apoyo al pensamiento aristotélico (19, 132) o son contrarios al mismo y dan con ello pie a la refutación (11, 72). Pero no hay que perder de vista que sirven para dar variedad al estilo y a la línea argumental, haciendo aparecer el argumento de autoridad o la polémica, según los casos.

La opinión general y la sabiduría tradicional son tenidos por criterios u opiniones dignos de ser considerados, y pueden ser presentados en forma descriptiva (de una costumbre, por ejemplo, como en 115) o trayendo a colación un refrán o frase hecha popular (109, 124, 125, 126), de los que se sirve como argumento o como término de comparación con seguridad y sin prejuicios.

Y no falta un elemento muy apreciado ya por la retórica antigua y que todo conferenciante de nuestros días tiene por imprescindible: el humor. La risa relaja y, como no podemos trabajar todo el tiempo (132) —tampoco en el terreno intelectual—, nos ofrece cierto descanso, de modo que Aristóteles de vez en cuando invita a sus oyentes a ese relax con chistes como el del citarista (120) o bromas como la relativa a cierta peculiaridad del habla de los laconios (92).

EL HOMBRE

Se dice a veces que el estilo es el hombre, y el estilo aristotélico y algunos asertos que aparecen aquí y allí en sus obras nos dan un retrato del personaje no menos fiable que otros que nos ha legado la Antigüedad.

En primer lugar, siguiendo la tradición en que había crecido —y su propia inclinación, suponemos— Aristóteles era hombre piadoso y creía que los dioses no se desentienden de los hombres:

> *Vienen los primeros entre los actos de justicia los que obramos para con los dioses* [...] *a los que damos el nombre de piedad* (*Sobre las virtudes y los vicios* 1250 b18 ss.).

> *El que actúa de acuerdo con su inteligencia y cultivándola da la impresión de ser el mejor constituido y el más amado de los dioses* (*É. N.* 1179 a23).

Respecto a sus virtudes morales y a la vista del volumen, la variedad y la calidad de su obra, no es atrevido decir que era laborioso, curioso y de una actividad infatigable, y nos lo confirma su definición del bien del hombre, que según él es *una actividad del alma conforme a la virtud* (4).

Más atrás hemos señalado su actitud tolerante y de consideración por las opiniones ajenas, tanto las de otros filósofos como las más comunes, expresadas en las máximas y refranes, y así lo vemos en el método que emplea:

> *Como en las otras materias, tras recoger las evidencias y plantearnos primero las dificultades, debemos mostrar así lo mejor posible todas las opiniones comunes respecto a estas afecciones y, si no, el mayor número posible de las principales* (93).

> *Intentemos primero explicar en detalle lo que han dicho correctamente los que vinieron antes que nosotros, y después estudiaremos…* (*É. N.* 1181 b16).

Es, además, tolerante y comprensivo con el error y la flaqueza humanos:

> [*saber*] *con quién y cuánto y cuándo y para qué y cómo, eso ya no está al alcance de cualquiera ni es sencillo; por eso el bien es raro y loable y hermoso* […]. *Ya que alcanzar el término medio es sumamente difícil, «en la segunda navegación», como dicen, habrá que tomar del mal el menos* (21).

> *En algunos casos no se da la alabanza, sino la comprensión, cuando alguien hace lo que no debe por causas tales que superan la naturaleza humana y que nadie soportaría* (*É. N.* 1110 a24).

En cuanto a su modo de ser intelectual, su afición a aprender se manifiesta repetidamente:

Todos los hombres por naturaleza desean saber (*Metafísica* 980 a21).

Aprender y admirar son la mayoría de las veces placenteros (*Retórica* 1371 a31).

Y la causa de eso es que aprender es lo más grato no solo para los filósofos, sino igualmente para los demás, pero participan de ello en menor medida (*Poética* 48 b14).

Y su optimismo intelectual es manifiesto:

Los hombres tienden por naturaleza de un modo suficiente a la verdad, y la mayor parte de las veces la alcanzan (*Retórica* 1355 a16).

Lo mismo ocurre con la importancia extraordinaria que concedía a la verdad, aún mayor que a los amigos, según la *Vida latina*:

Me es querido Sócrates, pero más querida aún la verdad.

Su fe en el género humano es inmensa y ese modo de ser hemos de interpretarlo, a nuestro entender, como una forma de afecto a la humanidad, lo que él llamaba *philantropía*:

La mayoría, cada uno de los cuales es un hombre mediocre, pueden, reunidos, ser mejores que aquellos «los nobles, pero pocos» no individualmente, sino en conjunto, lo mismo que los banquetes a los que contribuyen muchos son mejores que los sufragados por uno solo (*Política* 1281 b1 ss.).

Sin embargo, también en esas «tribulaciones» brilla la nobleza, cuando alguien soporta muchas graves desgracias con sencillez no por insensibilidad, sino por ser de sentimientos generosos y magnánimo (*É. N.* 1100 b30 y ss.).

En él, el optimismo intelectual se une a la confianza en las posibilidades del género humano y el esfuerzo de las generaciones para avanzar en la búsqueda de la verdad, y nos lo da a conocer en un pasaje en el que, de nuevo, hace gala de su sentido del humor:

El estudio acerca de la verdad es difícil en cierto sentido y, en cierto sentido, fácil. Prueba de ello es que no es posible ni que alguien la alcance plenamente ni que yerren todos, sino que cada uno logra decir algo acerca de la naturaleza. Y que si bien cada uno en particular contribuye a ella poco o nada, de todos conjuntamente resulta una cierta magnitud. Así que, si nuestra situación a ese respecto es como decimos con el refrán «¿Quién no acertaría apuntando a una puerta?», en ese sentido la verdad es fácil, pero el hecho de alcanzarla en su conjunto sin ser capaces de llegar a una parte de ella pone de manifiesto su dificultad (*Metafísica* 993 a30 y ss).

La biografía de Diógenes Laercio nos ofrece incluso un retrato físico del que llama «el más auténtico discípulo de Platón». Según él, Aristóteles «se trabucaba al hablar y era de piernas delgadas y ojos pequeños, y atildado en el vestido, los anillos y el cuidado de pelo».

Los rasgos físicos no podemos comprobarlos, pero la importancia que concedía a una cuidada apariencia exterior está confirmada por un texto de Ateneo, que le atribuye la afirmación de que es inadecuado llegar al banquete con mucho sudor y lleno de polvo. Otras tradiciones le atribuyen cierta tendencia a la socarronería, pero a la vista del humor del que hace gala y ateniéndonos a su propio concepto (texto 65), nos inclinaríamos más bien por considerarlo «ingenioso», aunque no sea esa la fama que le acompaña.

Todo lo dicho, no obstante, son aproximaciones externas. Lo más importante es que de la *Ética Nicomáquea* fluyen una sinceridad y un afecto por el género humano que atrapan al lector. Los conceptos y los razonamientos no son siempre sencillos, pero son tantas las observaciones perspicaces, las relaciones a la vez novedosas y sorprendentes por su sencilla evidencia y los razonamientos ajustados que, como suele suceder con los clásicos, cuesta trabajo abandonar su lectura una vez emprendida.

NOTA A LA PRESENTE EDICIÓN

Los textos que presentamos en esta selección proceden muy mayoritariamente de la *Ética Nicomáquea*, acompañados de unos pocos tomados de la *Ética Eudemia* y la *Gran Ética*, y alguno que otro extraído de fragmentos citados por Séneca y de pasajes de alguna otra obra aristotélica que él mismo cita por su título (los *Analíticos posteriores*) y que hemos considerado que podían arrojar luz y facilitar la comprensión plena del pasaje en el que se aludía a ellos. Las traducciones son mías y son actuales.

En la traducción de las *Éticas* he seguido las ediciones de I. Bywater de la *Ética Nicomáquea* (1894), la de R. R. Walzer y J. M. Mingay de la *Ética Eudemia* (1991) en la colección de la Universidad de Oxford (*Scriptorum Classicorum Bibliotheca Oxoniensis*), y la de F. Süsemihl de la *Gran Ética* en la colección griega de Teubner (Leipzig, 1883); y para los fragmentos de otras obras he recurrido a los textos griegos que encontraba más a mano, a veces de la colección de Oxford, otras los de la colección Loeb Classical Library de Cambridge, Massachusetts.

En cuanto a la relación entre Aristóteles y Alejandro Magno, me he apoyado en los estudios de A. H. Chroust en *Aristotle. New light on his life and some of his lost works*, 2 vols., Londres, 1983, especialmente el capítulo X «Was

Aristotle Actually the Chief Preceptor of Alexander the Great?», donde con argumentación sólida, aunque en algún punto algo abusiva, investiga las sospechas expresadas hace décadas por E. Zeller y O. Gigon.[1]

Los expertos en Aristóteles tal vez me afeen haber entrecortado las frases de la *Ética Nicomáquea* y haberlas despojado de aclaraciones, objeciones y puntualizaciones, pero entiendo que, perdiendo en matices, eso contribuye a una mayor claridad, y en esta colección se busca quintaesenciar los textos. La postura contraria ha sido adoptada por un notable especialista en Aristóteles, J. L. Ackrill, que en *Aristotle's Ethics* hace su selección, en buena medida, por libros completos. Seguro que caben muchas posiciones intermedias entre su decisión y la mía. Seguro también que tanto una como otra como todas las intermedias encuentran lectores a cuya conveniencia y necesidades se adecúen.

Y dado que la labor del traductor por su propia naturaleza es una tarea humilde —igual que la del responsable de una antología—, en esa disposición de ánimo me confío al interés de los textos aristotélicos y a la comprensión de sus amables potenciales lectores.

1. E. Zeller, *Die Philosophie der Griechen*, Leipzig, 1879[3]; O. Gigon, «Interpretationen zu den Aristoteles-Viten», *Museum Helveticum* 15 (1958), pp. 184 y ss.

ARISTÓTELES

REFLEXIONES ÉTICAS

1
OBJETIVO DEL TRATADO

Si hay un fin en nuestros actos que pretendamos por él mismo, y los demás fines en razón de ese [...], está claro que ese bien sería lo bueno y lo mejor. ¿No tendría entonces para nuestra vida un gran peso su conocimiento y, como arqueros con un blanco, no alcanzaríamos mejor lo que precisamos?

Si es así, hemos de intentar comprender de modo general qué es y a qué ciencia o facultad pertenece. Y se estaría de acuerdo en que pertenece a la más importante y la más propia para la dirección, y es evidente que esa es la política [...]. Y puesto que esta utiliza las restantes ciencias y además da leyes sobre lo que hay que hacer y de qué hay que apartarse, su fin comprendería los de las demás ciencias, de modo que ese sería el bien del hombre [...]. En consecuencia, a eso tiende nuestra investigación, que está dentro de la política.

Lo habremos explicado suficientemente si lo aclaramos en la medida que lo permite la materia propuesta, pues no se ha de buscar la misma precisión en todos los argumentos, igual que no hay que hacerlo en todos los trabajos artesanos: lo bello y lo justo, a lo que atiende la política, presenta muchas diferencias y desviaciones, hasta el punto de darse solo por convención, no por naturaleza.

É. N. I 1094 a18-b16

2
¿QUÉ ES LA FELICIDAD?

Puesto que todo conocimiento y toda elección se inclinan a algún bien, ¿qué es aquello de lo que afirmamos que a ello tiende la política, y cuál es la más elevada de las cosas buenas que pueden llevarse a cabo? En el nombre está casi todo el mundo de acuerdo, pues tanto el vulgo como la gente fina la llaman «felicidad», y son del parecer de que «vivir bien» y «actuar bien» es lo mismo que «ser feliz».

Respecto a la felicidad, sin embargo, discuten y no lo interpretan igual el vulgo y los sabios. Pues unos creen que está en las cosas visibles y manifiestas, como el placer o la riqueza o los honores; otros, que en otra cosa, y muchas veces la misma persona, que en cosas distintas, pues cuando está enfermo cree que está en la salud y cuando es pobre, que en la riqueza. Al darse cuenta de su ignorancia admiran a los que dicen algo importante y por encima de su alcance.

Parece que el vulgo y la gente más ordinaria suponen a partir de su género de vida, no sin razón, que la felicidad es el placer, y por eso aman la vida de disfrutes. Los hombres vulgares se muestran como siervos al preferir una vida de bestias, pero tienen su justificación en que a muchos de los que están en puestos elevados les ocurre lo que a Sardanápalo.

Los de buen gusto y de talante activo creen que consiste en los honores, pues más o menos ese es el fin de la vida política. Pero es evidente que esa opinión es más superficial que lo que investigamos, pues parece que reside más en los que conceden los honores que en el honrado, y adivinamos que el bien es algo propio y difícil de arrebatar.

Por otro lado, parece que persiguen los honores para convencerse a sí mismos de que son valiosos, pues buscan recibir honras de la gente sensata y entre sus conocidos y por causa de su virtud. Luego está claro que en opinión de estos lo mejor es la virtud.

Quizá podría uno suponer también que este es el fin de la vida política, pero también esto se nos muestra insuficiente, pues parece que es posible que quien posee la virtud esté adormecido o inactivo toda su vida y que, además, le sucedan desgracias y pase por los mayores infortunios, y nadie consideraría feliz al que vive de esta manera.

La vida del hombre de negocios, por otro lado, es violenta, y está claro que la riqueza no es el bien que investigamos, pues es útil en función de otra cosa.

Por eso habría que suponer que se trata más bien de los fines recién mencionados, pues esos son preferidos por sí mismos [...]. Pero tampoco parece que esos lo sean, aunque en ellos se hayan fundado muchos razonamientos.

É. N. 1095 a14-1096 a10

3
LA FELICIDAD, BIEN PERFECTO

Decimos que es más perfecto lo que se elige por sí mismo que lo que se elige en función de otra cosa, y que lo que nunca se elige en función de otra cosa es más perfecto que lo que se elige por sí mismo y por lo elegible en función de otra cosa: sencillamente, es perfecto lo que se elige siempre por sí mismo y nunca por otra cosa. Y la felicidad parece pertenecer muy especialmente a esa clase, pues siempre la elegimos por ella y nunca por otra cosa, mientras que los honores y el placer y el entendimiento y cualquier virtud los elegimos, efectivamente, por ellos, pero los elegimos también con vistas a la felicidad, porque suponemos que por medio de ellos seríamos felices. Sin embargo, la felicidad no la elige nadie con vistas a esas cosas, ni en general ni por ninguna otra. Parece que se llega al mismo resultado gracias a la autosuficiencia, ya que parece que el bien perfecto es autosuficiente.

É. N. 1097 a30-b8

4
LA FELICIDAD Y LA TAREA DEL HOMBRE

Quizá es evidente que estamos de acuerdo en afirmar que la felicidad es lo mejor, pero es deseable decir aún más claramente en qué consiste.

Tal vez lo lograríamos si consiguiéramos captar la tarea del hombre. Como en el caso de un flautista, un escultor o cualquier artesano y, en general, de aquellos a quienes corresponde una tarea y una actividad, parece que lo bueno y el bien residen en la obra, eso mismo parecería en el caso del hombre si es que hay una tarea que le sea propia. ¿O es que hay tareas y acciones propias del carpintero y del zapatero, pero no hay ninguna propia del hombre, sino que por naturaleza carece de función?

¿Y cuál podría ser? Pues es evidente que el «vivir» es común con las plantas, y se busca algo propio. Luego hay que dejar de lado la actividad de la nutrición y el crecimiento.

Lo siguiente sería la actividad sensitiva, pero también es evidente que esta es común con el caballo y con el buey y con cualquier animal.

Queda por tanto una actividad práctica del ser dotado de razón. De un lado, es propio de él obedecer al razonamiento; de otro, al discurrir, tiene capacidad de reflexión [...]. Y si la función del hombre es la actividad del alma de acuerdo con la razón o no desprovista de razón, y afirmamos que corresponde la misma tarea al individuo en tanto que especie y al individuo bueno —como al citarista y al buen citarista— y así, sencillamente, en todos los casos, añadiendo a la tarea la excelencia según la virtud; [...] si esto es así, el bien del hombre es una actividad del alma conforme a la virtud, y en caso de que las virtudes sean varias, conforme a la mejor y más perfecta y, además, a lo largo de una vida entera, pues una golondrina no hace primavera, ni tampoco un solo día. Y así, tampoco un solo día o un poco de tiempo hacen una vida venturosa y feliz.

É. N. I 1097 b22-1098 a20

5
FELICIDAD, ACCIÓN, PLACER

Está también en armonía con nuestro razonamiento el hecho de que el hombre feliz vive bien y actúa bien. Pues cuando uno dice «vida buena» viene a decir «vida de buenas acciones». Y es evidente también que en lo que hemos dicho se encuentra todo lo que buscamos en relación con la felicidad. A unos les parece que es la virtud; a otros, la prudencia, y a otros que cierta clase de sabiduría, y a otros que es eso —o algo de eso— junto con el placer o no sin placer. Otros añaden también la prosperidad externa [...].

Nuestro discurso concuerda con el de los que dicen que es la virtud o cierta virtud, pues es propio de ella la actividad conforme a la virtud. Pero difiere, y no poco, poner el bien máximo en la posesión o en el uso, en el temperamento o en la actividad. Pues cabe que exista el temperamento sin llevar a cabo nada bueno, como le ocurre al que está dormido o completamente inactivo en algún otro sentido, pero eso no es posible en la actividad, pues por fuerza actuará y actuará bien. Igual que en las Olimpíadas, que no reciben la corona los más bellos y los más fuertes, sino los que compiten (pues de estos, algunos vencen), así también los que actúan correctamente llegan a alcanzar las cosas bellas y buenas de la vida. Y la vida de estos es placentera por sí misma.

Sentir placer pertenece a lo anímico, y para cada uno es placentero aquello de lo que se dice amante, como el caballo para el amante de los caballos y el espectáculo para el amante del espectáculo. Y del mismo modo, lo justo para el amante de la justicia y, en general, lo conforme a la virtud para el amante de la virtud.

Para el vulgo lo placentero suscita contradicción, porque no es tal por naturaleza, mientras que para los amantes de la belleza son placenteras cosas placenteras por naturaleza: así son las acciones conformes a la virtud, de modo que son placenteras tanto para ellos como en sí mismas. Y en efecto, la vida de estos no requiere además el placer como algo añadido, sino que tiene el placer en sí misma [...]. Y si es así, las acciones conformes a la virtud serían placenteras por sí mismas [...].

Por lo tanto, lo mejor y lo más bello y lo más placentero es la felicidad, y estas cosas no van separadas, como en el epigrama de Delos:

Lo más justo es lo más bello; lo más útil, tener salud;
pero lo más placentero es alcanzar lo que uno ama,

pues todas esas cosas están en las actividades más nobles.

É. N. I 1098 b20-1099 a29

6
¿QUIÉNES PUEDEN SER FELICES?

Hemos establecido que el fin de la política es el mejor y que esta pone el mayor cuidado en hacer buenos a los ciudadanos y de determinada calidad y practicantes de acciones bellas. Entonces, naturalmente, no llamamos feliz ni al buey ni al caballo ni a ningún otro animal, pues ninguno de ellos es capaz de participar de esta actividad. Y por esa razón tampoco un niño es feliz, pues a causa de su edad aún no es capaz de llevar a cabo esa clase de acciones. Y aquellos a los que se lo llaman, son felices en esperanza, pues es necesario, como decíamos, una virtud entera y una vida entera.

Y es que en la vida se dan muchos cambios y toda clase de azares y cabe que el más próspero vaya en la vejez a dar en grandes desdichas, como se cuenta de Príamo en los poemas sobre Troya. Y nadie considera feliz al que ha ido a parar a semejantes desdichas y ha muerto miserablemente.

É. N. I 1099 b29-1100 a9

7
FELICIDAD Y PROSPERIDAD EXTERNA

Es imposible —o no es fácil— llevar a cabo obras hermosas cuando se está sin recursos, pues muchas acciones se llevan a cabo, como por medio de instrumentos, gracias a los amigos y a la riqueza y al poder político, mientras que la felicidad se desluce por la falta de algunas cosas, como la nobleza, los hijos, la belleza. Pues no sería muy feliz el que fuera feísimo de aspecto o de baja cuna o solo y sin hijos o quizá aún peor, si sus hijos o sus seres queridos fueran completamente depravados o si, siendo buenos, hubieran muerto. Así que, como hemos dicho, también se necesita esa clase de prosperidad. De ahí que algunos consideren lo mismo la «buena suerte» que la «felicidad», mientras que otros la identifican con la virtud.

É. N. I 1099 a32-b8

8
¿PUEDE APRENDERSE LA FELICIDAD?

Se discute también si la felicidad puede aprenderse o hacer de ella un hábito o incluso si puede uno ejercitarse en ella o si se presenta por un destino divino o, incluso, por azar [...], y parece que aunque no es enviada por los dioses, sino que se presenta gracias a la virtud y a algún tipo de aprendizaje o ejercicio, se cuenta entre las cosas más divinas, pues es evidente que es el premio a la virtud y el mejor fin y una cosa divina y bienaventurada. Y además es común a muchos, pues gracias a cierto aprendizaje y estudio es posible que la alcancen todos los que no están mutilados para la virtud.

É. N. I 1099 b9-20

9
LA FELICIDAD Y LAS ADVERSIDADES

Es evidente que si nos dejamos guiar por los azares de la vida llamaríamos muchas veces a la misma persona «feliz» y «desdichado», poniendo al hombre feliz de camaleón y sin buenos fundamentos.

Pero ¿verdad que no es correcto dejarnos guiar por los azares de la vida? Porque el vivir bien o mal no depende de ellos sino que, como dijimos, la vida humana los necesita: dueñas de la felicidad son las actividades conformes a la virtud, y las contrarias, lo contrario [...].

De ninguna otra cosa depende tanto la firmeza de las acciones humanas como de las actividades conformes a la virtud, y parece que estas son incluso más estables que los saberes científicos; y las más apreciadas de ellas son las más estables, pues los hombres felices pasan la vida en ellas en gran medida y con la máxima frecuencia.

É. N. I 1100 b4-1100 b16

10
MÁS SOBRE LA ADVERSIDAD

Dado que son muchas las cosas que suceden en la vida por azar y que difieren por lo grandes o lo pequeñas, está claro que los pequeños sucesos felices —y lo mismo sus opuestos— no alteran el equilibrio de la vida, pero los que sean importantes y numerosos harán más feliz la vida, pues esos sucesos ayudan por naturaleza a adornarla, y usarlos es bueno y virtuoso; mientras que los que suceden al contrario mortifican y empañan la felicidad, ya que traen penas y estorban muchas actividades.

Sin embargo, también en ellos brilla la nobleza cuando uno soporta apaciblemente numerosos grandes infortunios no por insensibilidad, sino por ser noble y magnánimo; y si las actividades son dueñas de la vida, como decíamos, ningún hombre venturoso será desgraciado, pues nunca llevará a cabo acciones odiosas y viles. Creemos que el hombre verdaderamente bueno y prudente sobrelleva dignamente las adversidades y obra siempre lo mejor según las circunstancias, igual que el buen general emplea el ejército que tiene con la máxima eficacia guerrera y que el zapatero con las pieles que le dan hace un calzado bellísimo.

É. N. I 1100 b23-1101 a5

11
LA VIRTUD

Puesto que la felicidad es una actividad del alma conforme a la virtud perfecta, deberíamos investigar sobre la virtud, pues quizá así estudiaríamos mejor la felicidad. Además, parece que el hombre verdaderamente interesado en política se esfuerza sobre todo por ella, pues pretende hacer a los ciudadanos mejores y obedientes a las leyes, y si esta investigación versa sobre la política, está claro que esta indagación sería acorde con nuestro propósito inicial [...]. Y está claro que hemos de investigar sobre la virtud humana, ya que buscábamos el bien humano y la felicidad humana. Por otro lado, llamamos virtud humana no a la del cuerpo, sino a la del alma, ya que de la felicidad decíamos que era una actividad del alma. Si esto es así, está claro que el político ha de entender de lo relativo al alma, como quien pretende curar los ojos también ha de entender el cuerpo entero, y tanto más cuanto que la política es más honorable y mejor que la medicina.

É. N. I 1102 a5-21

Tampoco acertaba Sócrates al hacer de las virtudes ciencias. Él creía que era necesario que nada fuera en vano, y partiendo de que las virtudes eran ciencias le ocurría que las virtudes eran en vano. ¿Por qué? Porque en las ciencias sucede que a la vez que se sabe en qué consiste la ciencia, también se es sabio en ella: si alguien sabe en qué consiste la medicina, ese al punto es médico, y lo mismo en las otras ciencias. Pero eso no ocurre en el caso de las virtudes, pues aunque uno sepa en qué consiste la justicia, no es justo de inmediato, y como en esta, también en las demás.

G. É. 1183 b8-18

12
LAS PARTES DEL ALMA Y LAS CLASES DE VIRTUDES

Sobre ella [*scil.*, el alma] se dicen bastantes cosas en los tratados para el público y hay que usarlas: como que una parte suya es irracional y otra posee raciocinio [...]. Una parte de lo irracional se parece a lo común y vegetativo: me refiero a la parte de la nutrición y el crecimiento [...].

Pero parece que también hay otra naturaleza irracional en el alma, que participa de la razón en cierto modo: tanto en el individuo continente como en el incontinente alabamos lo racional y la parte del alma dotada de razón, pues es la que correctamente exhorta a hacer lo mejor, pero parece que en aquellos hay también por naturaleza otro elemento ajeno a lo racional que lucha y se opone al raciocinio [...].

No obstante, parece que también este elemento participa del raciocinio, pues el del hombre continente obedece a la razón —quizá también porque en el hombre prudente y valeroso esa parte del alma es más dócil, pues todo concuerda con la razón—. Es evidente que lo irracional es doble, pues lo vegetativo no participa en absoluto de la razón, mientras que lo cupitivo y, en general, lo relativo a las inclinaciones, participa en alguna medida, en tanto que le es dócil y obediente [...].

É. N. 1102 a26-1102 b31

Y de acuerdo con esta diferencia se divide también la virtud, pues decimos que hay unas virtudes intelectuales y otras morales, y que la sabiduría y la inteligencia y la prudencia son intelectuales, y la liberalidad y la moderación, morales. Pues cuando alabamos el carácter no decimos que es sabio o inteligente, sino que es apacible o sensato, mientras que al sabio lo alabamos por sus hábitos; y a los hábitos loables los llamamos virtudes.

É. N. 1103 a3-10

13
NO SE ES VIRTUOSO POR NATURALEZA

Siendo doble la virtud, una intelectual y la otra moral, la intelectual recibe su origen y desarrollo más de la enseñanza, puesto que requiere experiencia y tiempo, mientras que la moral nace de la costumbre [...]. A partir de ahí está claro que ninguna de las virtudes morales está en nosotros por naturaleza, pues nada de lo que es por naturaleza se acostumbra a obrar de otro modo; por ejemplo, la piedra, que se desplaza hacia abajo, nadie la acostumbraría a ir hacia arriba, ni la puedes acostumbrar aunque la tires hacia arriba diez mil veces, ni a las llamas del fuego a ir hacia abajo [...]. Así que las virtudes no existen ni por naturaleza ni contra naturaleza, sino que está en nuestra naturaleza admitirlas y perfeccionarlas mediante la costumbre.

É. N. II 1103 a14-a26

14
NECESIDAD DE LA PRÁCTICA DE LA VIRTUD

Las virtudes las adquirimos poniéndolas primero por obra, igual que ocurre en las demás artes, pues las cosas que para hacerlas hay que haberlas aprendido antes, las aprendemos haciéndolas, igual que se llega a constructor de casas construyendo casas y a citarista tocando la cítara. Así también nos hacemos justos llevando a cabo obras justas, prudentes con las prudentes y valientes con actos de valentía. De ello da testimonio también lo que sucede en las ciudades, pues los legisladores hacen buenos a los ciudadanos acostumbrándolos, y ese es el propósito de todo legislador, y cuantos no hacen eso bien, yerran, y en eso se distingue un régimen político bueno de uno malo. Además, a partir de las mismas obras y con las mismas obras nace y se echa a perder cualquier virtud, como en las artes. Pues de tocar la cítara nacen tanto los buenos como los malos citaristas, y de modo análogo ocurre con los que construyen casas y con todos los demás, pues de construir bien salen buenos constructores, y de hacerlo mal, malos. Y es que si no fuera así, no haría falta para nada quien enseñara, sino que todos nacerían buenos o malos. Y así ocurre también con las virtudes [...]. En una palabra: las costumbres nacen de los actos semejantes; por eso es preciso llevar a cabo determinada clase de actos, pues de las diferencias entre ellos se seguirán los hábitos; así que acostumbrarse de un modo u otro pronto desde jóvenes importa no poco, sino muchísimo o, incluso, totalmente.

É. N. II 1103 a31-b25

15
LA APORTACIÓN ARISTOTÉLICA: «EN EL TÉRMINO MEDIO ESTÁ LA VIRTUD»

Puesto que el presente tratado no tiene un fin teórico como los otros —pues no hacemos la investigación para saber qué es la virtud, sino para ser buenos, que de otro modo no tendría ninguna utilidad—, es necesario investigar lo relativo a las acciones, cómo han de llevarse a cabo [...].

Todo discurso sobre asuntos prácticos ha de discurrir en general y no detalladamente, como dijimos al principio: que hay que reclamar que los discursos sean conformes a la materia; y respecto a las acciones y lo conveniente no hay nada fijo, como no lo hay en cuestión de salud [...]; ocurre además que en los discursos sobre asuntos particulares no cabe la precisión, pues no pertenecen al terreno de ningún arte o preceptiva, sino que han de ser siempre los mismos que actúan los que se percaten de la oportunidad, como ocurre en la medicina o en el arte del piloto. Pero aun siendo de esta naturaleza el asunto, hemos de intentar aportar algo al presente estudio.

Y lo primero que se ha de estudiar es que por su propia naturaleza estas cosas se echan a perder por defecto y por exceso. Y en los asuntos oscuros hay que usar ejemplos claros; por ejemplo, como vemos que ocurre en el caso del vigor y la salud: tanto el ejercicio excesivo como el demasiado escaso echan a perder el vigor, y de manera semejante la bebida y la comida echan a perder la salud cuando son demasiado abundantes y cuando demasiado escasas, mientras que lo comedido no solo la tiene como efecto, sino que además la acrecienta y la conserva.

Ese es el caso también de la moderación y el valor y las demás virtudes [...]. En efecto, la moderación y el valor se echan a perder por el exceso y el defecto, pero se preservan gracias al término medio.

É. N. II 1103b 26-1104 a27

16
VIRTUD, PLACER, DOLOR

Hay que tomar como indicio de los hábitos el placer o el dolor que se sigue de las obras: el que se aparta de los placeres corporales y se deleita en ello es prudente; el que se apesadumbra por ello, intemperante; el que se enfrenta a lo temible deleitándose o sin atribularse es valiente, y el que se atribula, cobarde. Y es que la virtud moral versa sobre los placeres y los dolores, pues por causa del placer obramos lo malo y por causa del dolor nos apartamos de lo bueno.

Por eso, como dice Platón, hemos de ser guiados pronto desde niños de modo que nos deleitemos y atribulemos con lo que es debido. Y esa es la educación correcta [...].

Los hombres se hacen malvados en razón de los placeres y los dolores, al perseguir o rehuir o los que no se debe o cuando no se debe o como no se debe o de todas las otras maneras en las que tales cosas pueden ser definidas por el discurso.

Por eso definen las virtudes como cierta impasibilidad y serenidad, pero eso no es acertado, porque lo dicen en sentido absoluto y no con el «como se debe y no se debe» y el «cuándo» ni todo lo demás que hay que considerar [...].

Por otra parte, además, regulamos nuestras acciones, unas más y otras menos, según el placer y el dolor; por eso es necesario que verse sobre eso todo el tratado. Y no es cosa baladí deleitarse bien o mal con las acciones [...], pues hacerlo bien es lo mejor en ese aspecto. De modo que por esa razón todo el estudio, tanto de la virtud como de la política, versa sobre los placeres y los dolores. Y el que sepa servirse bien de ellos será un hombre bueno, y el que mal, malo.

É. N. II 1104 b3-1105 a13

17
COMPARACIÓN DE LA VIRTUD Y EL ARTE

Alguien podría no entender cómo decimos que es preciso hacerse justo haciendo obras justas y prudente haciendo obras prudentes, pues si obran lo justo y lo prudente, ya son justos y prudentes, igual que si hacen obras gramaticales o musicales son gramáticos y músicos. ¿No es así en el caso de las artes? También cabe hacer una obra gramatical por azar y con otro fundamento; pero será gramático si hace una obra gramatical y al modo de los gramáticos [...].

Pero no es semejante el caso de las artes y el de las virtudes, pues lo que resulta de las artes tiene el bien en sí mismo: basta con que esté hecho de cierta manera. Pero lo que se hace según las virtudes no está hecho justa o prudentemente si es de determinado modo, sino, además, si el que lo lleva a cabo lo lleva a cabo siendo él de determinado modo: primero, si lo hace con conocimiento; luego, si lo elige y lo elige por ello mismo; tercero, si actúa de modo firme e inquebrantable. Para poseer las otras artes esto no cuenta, salvo el propio saber; pero para las virtudes el saber vale poco o nada, mientras que las otras condiciones pueden no poco, sino todo, lo cual viene de obrar muchas veces lo justo y lo prudente.

A las cosas las llamamos justas y prudentes cuando son como las habría hecho el justo o el prudente; y justo o prudente es no el que las lleva a cabo, sino, además, el que las hace como las hacen los justos y prudentes [...]. El vulgo, sin embargo, no obra así, sino que cuando se refugian en la teoría, creen que están filosofando y que así van a ser virtuosos, haciendo algo semejante a los enfermos que escuchan cuidadosamente a los médicos pero no hacen nada de lo que les mandan. Y entonces, lo mismo que estos no se recuperarán físicamente con ese tratamiento, tampoco los otros se mejorarán anímicamente con esa filosofía.

É. N. II 1105 a17-b18

18
¿QUÉ ES LA VIRTUD?

Puesto que lo que hay en el alma son tres cosas: pasiones, facultades y hábitos, la virtud debería pertenecer a una de esas tres cosas. Llamo pasiones al deseo, la cólera, el miedo, el coraje, la envidia, la alegría, el afecto, el odio, el ansia, los celos, la compasión; en general, a aquello de lo que se sigue placer o dolor. Facultades, a aquello según lo cual se dice que experimentamos las pasiones, como lo que nos hace capaces de enfadarnos o entristecernos o sentir compasión. Hábitos, a aquello según lo cual tenemos buena o mala actitud frente a las pasiones; por ejemplo, frente al encolerizarnos: si nos encolerizamos mucho o sin freno, tenemos un mal hábito; si comedidamente, bueno; y lo mismo con las demás pasiones.

Las pasiones, por consiguiente, no son virtudes ni vicios, porque no se nos llama buenos o malos según las pasiones, sino según las virtudes y los vicios, y porque no somos alabados ni censurados por nuestras pasiones: no se alaba al que tiene miedo ni al que se encoleriza, ni se censura al que, simplemente, se encoleriza, sino al que lo hace de determinado modo. Además, no nos encolerizamos o sentimos miedo por elección, y las virtudes son elecciones, o no se producen sin elección. Además, decimos que somos movidos según las pasiones, pero no somos movidos según las virtudes y los vicios, sino que tenemos respecto a ellos cierta disposición.

Y tampoco son capacidades, pues tampoco se nos llama buenos ni malos simplemente por ser capaces de experimentar una pasión, ni somos alabados o censurados por ello, pues la capacidad la tenemos por naturaleza, pero no somos buenos o malos por naturaleza [...]. Así que si las virtudes no son ni pasiones ni facultades, queda que son hábitos. Así pues, hemos dejado dicho de qué índole es la virtud, pero no basta con limitarnos a decir esto, que es un hábito, sino que también hay que decir de qué clase [...].

Hay que decir que toda virtud, en relación con aquello de lo que es virtud, logra que esté bien y que cumpla bien su función, como la virtud del ojo hace eficaz al ojo y a su función [...]. Si esto es así en todos los casos, también la virtud del ser humano será el hábito por el que el hombre se hace bueno y con el que llevará a cabo bien su función.

É. N. II 1105 b19-1106 a24

19
EL TÉRMINO MEDIO, OBJETIVO DE LA VIRTUD

En todo lo continuo y divisible cabe tomar lo mayor, lo menor y lo igual; y eso bien en relación a la cosa misma o bien en relación a nosotros. Lo igual es un término medio entre el exceso y el defecto, y digo que el término medio de una cosa es lo que dista igual de cada uno de los extremos, que es uno y lo mismo en relación a todas las cosas; y en relación a nosotros es lo que ni excede ni es deficiente: pero eso no es una sola cosa ni lo mismo para todos. Por ejemplo, si el diez es mucho y el dos poco, se toma el seis como término medio en relación a la cosa [...], pero en relación a nosotros no ha de tomarse así, pues si el comer diez libras es mucho y dos es poco, el entrenador mandará comer seis libras, pero quizá eso es mucho o poco para el que ha de tomarlo, pues para Milón es poco, pero para el que empieza el entrenamiento es mucho [...].

Así, todo entendido rehúye el exceso y el defecto, y busca el término medio y lo prefiere, pero no el término medio de la cosa, sino el término medio en relación a nosotros [...]. Y si la virtud es más precisa y mejor que cualquier arte, tendría como objetivo el término medio. Me refiero a la virtud ética, pues esta se ocupa de pasiones y acciones y en estas cosas se dan el exceso, el defecto y el término medio.

Por ejemplo, en tener miedo y tener valor y desear y encolerizarse y sentir compasión y, en general, en sentir placer y dolor, se dan el demasiado y el demasiado poco, y ninguna de esas dos cosas está bien. Pero en el «cuándo» y el «en qué circunstancias» y el «a quiénes» y el «para qué» y el «como se debe» hay un término medio y excelente, y eso es lo que corresponde a la virtud.

E igualmente en las acciones hay exceso, defecto y término medio, y la virtud se ocupa de pasiones y acciones, en las cuales el exceso y el defecto son un error, mientras que el término medio se alaba y se considera correcto, y estas dos últimas cosas son propias de la virtud; luego la virtud es un término medio, puesto que tiene como objetivo lo del término medio. Por otra parte, el errar es de muchos modos (ya conjeturaron los pitagóricos que lo malo corresponde a lo indeterminado, y lo bueno, a lo determinado), pero el acertar, de un solo modo [...].

Por tanto, la virtud es un hábito que procede por elección, que está en el término medio con relación a nosotros, que viene determinado por la razón, precisamente por aquella razón por la que decidiría el hombre sensato. Y el término medio está entre dos cosas malas, una por exceso y otra por defecto.

É. N. II 1106 a26-1107 a3

20
LAS ACCIONES VILES EXISTEN

Pero no toda acción ni toda pasión admite el término medio, pues de algunas ya el nombre va unido a la vileza, como la alegría por el mal ajeno, la desvergüenza, la envidia y, entre las acciones, el adulterio, el robo, el asesinato. A estas y a otras semejantes se las llama así por ser viles ellas mismas, no sus excesos ni sus defectos. En estas no cabe nunca acertar, sino solo errar, y respecto a ellas el «bien» y el «no bien» no residen en cometer adulterio con la que se debe y como y cuando se debe, sino que simplemente llevar a cabo cualquiera de ellas es errar. Y lo mismo con creer que existe término medio y exceso y defecto respecto a obrar injustamente, ser cobarde o ser desenfrenado.

É. N. II 1107 a8-20

21
NO ES FÁCIL ALCANZAR EL TÉRMINO MEDIO

Ya hemos dicho suficientemente que la virtud moral es un término medio y en qué sentido, y que es término medio entre dos males, uno por exceso y otro por defecto, y que es de ese carácter porque tiene como objetivo el término medio en las acciones y las pasiones.

Precisamente por eso es un asunto trabajoso, porque tomar en cualquier asunto el término medio, como el centro en el círculo, no es cosa al alcance de cualquiera, sino del que sabe. De la misma manera, también encolerizarse está al alcance de cualquiera y es sencillo, y dar dinero y hacer gastos; pero con quién y cuánto y cuándo y para qué y cómo, eso ya no está al alcance de cualquiera ni es sencillo; por eso el bien es raro y loable y hermoso.

Por eso el que pretende alcanzar el término medio, lo primero ha de apartarse de lo que le es más contrario, como recomienda Calipso:

> *de ese humo y esa ola mantén apartada*
> *la nave* (*Od.* XII 219)

pues de los extremos uno es más erróneo y otro, menos.

Ya que alcanzar el término medio es sumamente difícil, «en la segunda navegación», como dicen, habrá que tomar del mal el menos [...]. Y hay que atender a aquello a lo que más inclinados somos, pues por naturaleza propendemos unos a una cosa y otros a otra. Y eso se reconocerá por el placer y el dolor que produzca en nosotros y habremos de tirar de nosotros en sentido contrario, pues apartándonos mucho de errar llegaremos al término medio, que es lo que hacen los que enderezan maderos torcidos [...]. Obrando así, por decirlo en resumen, es como mejor podremos alcanzar el término medio.

É. N. 1109 a20-b13

22
UN EJEMPLO

Quizá eso es difícil, y especialmente en los casos particulares, que no es fácil determinar cómo y con quiénes y en qué ocasiones y cuánto tiempo se ha de encolerizar uno. Nosotros, incluso, alabamos unas veces a los que se quedan cortos y los llamamos sosegados; otras, a los que se enfadan los llamamos viriles.

Pero quien recibe reproches no es el que se aparta un poco de hacerlo bien —ni si es de menos, ni si es de más—, sino el que se aparta mucho, pues este no pasa desapercibido. Pero no es fácil determinar mediante el raciocinio hasta qué punto y en qué medida es reprochable, pues tampoco es fácil de valorar ninguna de las cosas que se perciben por los sentidos. Esas cosas son según los detalles de cada una, y el juicio reside en la percepción.

Todo esto muestra que el término medio en la forma de ser es siempre loable, y hay que inclinarse unas veces al exceso y otras al defecto, pues así alcanzaremos muy fácilmente el término medio y el bien.

É. N. II 1109 b14-b26

23
LO VOLUNTARIO Y LO INVOLUNTARIO

Ya que la virtud versa sobre pasiones y acciones y dado que en el caso de las voluntarias se dan alabanzas y reproches, y en el de las involuntarias perdón y también algunas veces piedad, quizá para quienes investigan sobre la virtud sea necesario definir lo voluntario y lo involuntario, y será también útil para los legisladores con vistas a los honores y los castigos.

É. N. III 1109 b30-35

24
LO FORZOSO Y LA VOLUNTARIEDAD

Parece que es involuntario lo que se produce por causa de la fuerza o de la ignorancia (es forzoso aquello cuyo principio viene de fuera y es de tal naturaleza que en él no intervienen en absoluto el que lo hace o el que recibe la acción, como que se lo lleven a uno a alguna parte el viento u hombres que lo tienen en su poder).

É. N. III 1109 b35-1110 a4

25
EL MIEDO Y LA VOLUNTARIEDAD

Cabe la duda de si es involuntario o voluntario lo que se hace por miedo a males mayores o por una hermosa causa, como si el tirano, teniendo en su poder a los padres o los hijos, ordena a alguien que haga algo bochornoso y si lo hace se salvarían y si no, perecerían. Algo así sucede también cuando en las tempestades tiran la carga por la borda: en sentido absoluto, nadie la tira voluntariamente, pero por la salvación propia y la de los demás, sí lo hacen todos los que tienen sentido común.

Estas acciones son mixtas, pero se parecen más a las voluntarias, pues en el momento en que se llevan a cabo son preferibles, y el fin de la acción es relativo al momento. Y se han de calificar de «voluntarias» e «involuntarias» de acuerdo con el momento en que se llevan a cabo. Y «en ese momento» se obra voluntariamente, pues el principio del movimiento de los instrumentos en esas acciones está en la propia persona. Y si el principio de algo está en uno mismo, también depende de uno mismo actuar o no; y esa clase de cosas son voluntarias —aunque tal vez en sentido absoluto son involuntarias, pues nadie elegiría ninguna de ellas por ellas mismas.

Por acciones de ese tipo a veces incluso se reciben alabanzas, cuando se soporta algo bochornoso o penoso en nombre de algo grande y bello; pero de otro modo se reciben reproches. Ahora bien, soportar algo muy bochornoso sin un motivo noble o por uno corriente es de miserables.

É. N. III 1110 a4-23

26
VOLUNTARIEDAD Y FUERZA MAYOR

Lo que por sí mismo es involuntario pero en un momento preciso es preferible a cualquier otra cosa, y el principio está en el que actúa, por sí mismo es involuntario, pero en ese caso y en nombre de lo otro, voluntario, pues se parece más bien a las cosas voluntarias. Y es que las acciones dependen de las situaciones concretas, y en este caso son voluntarias. No es fácil dar razón de cuáles hay que preferir a cuáles otras, pues se dan muchas diferencias en las situaciones concretas.

É. N. III 1110 b3-b9

27
¿QUÉ ES LO FORZOSO?

En general hablamos de lo forzoso y la necesidad en relación con lo inanimado, pues decimos que la piedra va hacia arriba y el fuego hacia abajo por la fuerza y necesariamente [...]. Sin embargo, en el caso de los seres animados y los animales vemos también que hacen y les pasan muchas cosas por la fuerza cuando se mueven por un impulso exterior al suyo. En los inanimados el principio es simple, pero en los animados, múltiple, pues el impulso y la razón no siempre están acordes. De modo que en los demás animales lo forzoso es simple, como en los inanimados —pues no tienen raciocinio e impulso contrario, sino que viven según el impulso—. Pero en el hombre existen ambas cosas, y en una edad determinada, en la que le reconocemos la capacidad de actuar; pues no decimos que actúen el niño ni la fiera, sino el que ya actúa gracias al razonamiento.

É. E. II 1224 a15-30

¿A qué hay que llamar forzoso? Habrá que decirlo de modo absoluto siempre que la causa esté en lo exterior y el que actúa no intervenga en ella.

É. N. III 1110 b1-b3

28
LO INVOLUNTARIO POR IGNORANCIA

No voluntario es todo lo que se hace por ignorancia, e involuntario lo que se hace con dolor y pesar, pues el que hace algo por ignorancia pero sin dolerse en absoluto de la acción, no ha actuado voluntariamente, pues no sabía, pero tampoco involuntariamente, pues no se apesadumbraba [...].

Involuntario ha de decirse no cuando alguien ignora lo que conviene —pues la ignorancia en la elección no es causa de lo involuntario, sino de la maldad, ni tampoco la ignorancia completa, que por esa se reciben reproches—, sino los detalles concretos en los que se produce y respecto a los cuales se da la acción, pues de ello dependen la compasión y el perdón, ya que quien actúa desconociendo alguna de esas circunstancias lo hace involuntariamente.

É. N. III 1110 b18-1111 a2

29
LO VOLUNTARIO

Si es involuntario lo que se hace movido por la violencia o por la ignorancia, lo voluntario parecería ser aquello cuyo principio reside en el mismo que actúa a sabiendas de las circunstancias concretas en las que se produce la acción.

É. N. III 1111 a22-24

30
LO VOLUNTARIO Y EL DESEO

Y tal vez no está bien decir que son involuntarias las cosas que se hacen por un arrebato o por apetencia. Pero, en primer lugar, no hará nada voluntariamente ninguno de los otros animales, ni tampoco los niños; y además, ¿es que no hacemos voluntariamente nada por apetencia o por un arrebato? ¿O hacemos voluntariamente lo bueno e involuntariamente lo malo? ¿O eso es ridículo, si la causa es la misma? Y quizá es absurdo llamar «involuntario» a desear lo que se debe: hay que enfadarse por ciertas cosas y desear ciertas otras, como la salud y el aprendizaje. Por otro lado, parece también que lo involuntario es penoso, y lo voluntario, placentero.

Y entonces, ¿en qué se distinguen de lo involuntario los errores que uno comete por cálculo o por arrebato? Ambas cosas han de rehuirse, pero no parece que las pasiones irracionales sean menos humanas, de modo que también lo son las acciones del hombre nacidas del arrebato y el deseo, así que es absurdo considerarlas irracionales.

É. N. III 1111 a24-1111 b3

31
MÁS SOBRE LO VOLUNTARIO Y EL DESEO

Hemos de entender ahora qué es lo voluntario y lo involuntario y qué es la elección [...].

Podría parecer que «lo voluntario y lo involuntario» pertenecen a una de estas tres cosas: o al deseo o a la elección o al pensamiento (lo voluntario, conforme a alguno de ellos; lo involuntario, no conforme a ese criterio). En el deseo se distinguen tres tipos: propósito, arrebato y apetencia[2] [...]. Consideremos primero la apetencia. Podría parecer que todo lo que se hace por apetencia es voluntario, mientras que todo lo que hacemos o nos pasa por obligación es como dice Eveno:

Cualquier cosa forzada resulta penosa.

[...] Todo lo que se hace contra el deseo es penoso (la apetencia lo es de lo placentero), así que lo que se hace según la apetencia es voluntario [...]. La maldad lo hace todo más injusto y la incontinencia parece que es una maldad, y el incontinente es el que es capaz de actuar según su apetencia sin contar con el raciocinio, y es incontinente cuando actúa de acuerdo con ella.

Y obrar injustamente es voluntario, de modo que el incontinente obrará injustamente al actuar según su apetencia; luego actuará voluntariamente, y obrar según la apetencia será voluntario [...].

A partir de estos argumentos podría parecer que lo que se hace por apetencia es voluntario, pero a partir de lo siguiente, lo contrario. [...] Nadie quiere lo que cree que es un mal, pero el incontinente no hace lo que quiere, pues obrar de modo incontinente es hacer por apetencia algo distinto de lo que uno cree que es lo mejor [...].

Pero actuar con justicia es voluntario, igual que hacerlo injustamente [...], y obrar contra la apetencia es invo-

2. La distinción en griego es más clara que en español: *boúlesis* (propósito) comporta la idea de que uno traza un plan de acción para obtener el objeto de su deseo; *epithymía* (apetencia) es el ansia o el deseo físico o el que nace del capricho, o el deseo casual; *thymós* (arrebato, enfado) es el deseo que nace —en general, de las emociones— súbita y/o violentamente.

luntario: resultará que la misma persona hace la misma cosa voluntaria e involuntariamente, y eso es imposible.

El mismo razonamiento es válido también para el arrebato [...].

Queda considerar si lo deseado según un propósito y lo voluntario son lo mismo. Pero parece que también esto es imposible. Hemos supuesto y se opina que la maldad nos hace más injustos, y es evidente que la incontinencia es cierta maldad; y resultará lo contrario, pues nadie desea a propósito lo que cree que es un mal, pero sí lo hace cuando se vuelve incontinente.

Así pues, si obrar injustamente es voluntario y lo voluntario es a propósito, cuando alguien se vuelva incontinente ya no obrará injustamente, sino que se habrá vuelto más justo que antes de volverse incontinente: pero esto es imposible.

Por consiguiente, está claro que lo voluntario no es actuar conforme al deseo, y tampoco lo involuntario hacerlo contra el deseo.

É. E. 1223 a21-b38

32
LA ELECCIÓN Y LO VOLUNTARIO

Una vez definido lo voluntario y lo involuntario, sigue explicar la elección, pues parece que es lo más propio de la virtud y juzga los caracteres mejor que las acciones.

Es evidente que la elección es algo voluntario, pero no es lo mismo, sino que lo voluntario es más amplio: los niños y los demás animales participan de lo voluntario, pero no de la elección, y a lo que hacemos súbitamente lo llamamos voluntario, pero no elegido [...].

É. N. III 1111 b4-10

33
LA ELECCIÓN Y LOS TIPOS DE DESEO

Los que dicen que es apetencia o arrebato o propósito o cierta opinión no parece que hablen correctamente, pues la elección no es común con los animales, pero sí lo son la apetencia y el arrebato [...].

Desde luego, tampoco es propósito, aunque parece que está próximo a ello, pues no cabe elección de lo imposible, y si alguien dijera que lo elige, parecería que es un necio. Pero sí hay propósito de lo imposible, como de la inmortalidad [...].

El propósito, además, versa sobre lo que de ningún modo es resultado de la propia acción, como que un actor o un atleta resulten vencedores. Pero nadie elige esas cosas, sino las que cree que podrían ser resultado de su propia acción.

Y el propósito lo es sobre todo del fin, mientras que la elección lo es de los medios que conducen al fin; por ejemplo: tenemos propósito de estar sanos y elegimos los medios para estar sanos; y tenemos propósito de ser felices, y lo decimos; pero «elegimos decirlo» suena incoherente, pues en general parece que la elección es sobre lo que depende de nosotros.

É. N. III 1111 b10-30

34
LA ELECCIÓN Y LA OPINIÓN

Y tampoco sería una opinión, pues la opinión puede referirse a cualquier cosa, y no menos a lo eterno y a lo imposible que a lo que depende de nosotros; y distingue entre lo falso y lo verdadero, pero no entre lo bueno y lo malo, y de esto último es de lo que más bien se ocupa la elección [...]. Por elegir lo bueno o lo malo nos hacemos de determinada cualidad, pero por opinarlo, no [...]. Y la elección se alaba por serlo de lo que se debe, más que por hacerlo correctamente, mientras que la opinión, por ser veraz. Y elegimos lo que sabemos que son bienes, pero tenemos opinión sobre lo que no sabemos muy bien. Y parece que no son los mismos los que mejor eligen y los que mejor opinan. Pues algunos tienen mejores opiniones, pero por causa de un vicio, no eligen lo que deben [...].

¿Será acaso lo que hemos deliberado previamente? Pues la elección va junto con la razón y la reflexión, y parece que hasta el nombre lo indica, porque es «lo que se toma antes que otras cosas».

É. N. III 1111 b30-1112 a17

35
DEFINICIÓN DE LA ELECCIÓN

Si nadie elige sin haberse preparado ni sin haber deliberado peor o mejor, y acuerda cuanto dependiendo de nosotros pertenece a las cosas posibles y pueden contarse o no entre las que conducen al fin, está claro que la elección es un deseo reflexionado de lo que depende de uno.

É. E. II 1226 b13-17

36
LA DELIBERACIÓN

¿Se ha de deliberar sobre todas las cosas, y todo ha de ser objeto de deliberación, o sobre algunas no cabe deliberación? [...]

Nadie delibera sobre lo eterno, sobre el universo o sobre que la diagonal y el lado son inconmensurables, ni sobre las cosas que están siempre en movimiento pero suceden siempre igual, sea por necesidad, por naturaleza o por alguna otra causa, como los solsticios y los ortos de los astros, ni sobre las que son cada vez de una manera, como las sequías y las lluvias. Ni tampoco sobre las que suceden por azar, como el hallazgo de un tesoro, ni sobre todos los asuntos humanos —por ejemplo, ningún lacedemonio deliberaría sobre cómo se gobernarían mejor los escitas—, pues ninguna de esas cosas sucedería por mediación nuestra, sino que deliberamos sobre las cosas que dependen de nosotros y son factibles [...].

Deliberamos sobre cuanto sucede por mediación nuestra, como lo relativo a la medicina y a los negocios, y más sobre cómo pilotar una nave que sobre el ejercicio físico, en cuanto que [sobre lo primero] hay menos precisión, y lo mismo sobre las demás materias, y más sobre las artes que sobre las ciencias, pues sobre aquellas se dan más dudas. La deliberación se produce en las materias que la mayor parte de las veces es incierto cómo resultarán y en las que hay indefinición. Y para lo importante tomamos consejeros porque no confiamos en nosotros mismos y no nos vemos capaces de discernir. Pero no deliberamos sobre los fines, sino sobre los medios, ni sobre los detalles particulares, por ejemplo, sobre si este pan está cocido como se debe, pues eso es cosa de la sensación. Y si uno estuviera constantemente deliberando, llegaría al infinito. El objeto de deliberación y el de elección es el mismo, salvo que lo que se elige está previamente determinado, pues se elige lo que ya se ha juzgado mediante deliberación.

É. N. III 1112 a18-1113 a5

37
EL PROPÓSITO

Ya hemos dicho que el propósito tiene por objeto el fin, pero eso para unos es el bien y para otros el bien aparente. Ocurre entonces que, para los que dicen que el objeto del propósito es el bien, no es objeto del propósito lo que quiere el que no elige bien [...]. Y para quienes dicen que el objeto del propósito es el bien aparente no hay un objeto del propósito por naturaleza, sino que para cada uno es lo que le parece; y a cada uno le parece una cosa distinta y, si se da el caso, cosas contrarias.

Pero si esto no es satisfactorio, ¿deberíamos tal vez decir que de modo absoluto y en verdad el objeto del propósito es lo bueno, pero para cada uno lo que se lo parece? Y para el hombre cabal será lo que de verdad lo es, pero para el hombre vil, cualquier cosa [...]. Pues el hombre cabal juzga correctamente cada cosa y en todas las situaciones se le muestra la verdad. Y según cada manera de ser lo bello y lo placentero es particular, y tal vez lo que más distingue al hombre bueno es el ver la verdad en cada situación, como si fuera el canon y medida de ello. Pero parece que entre el vulgo se produce el engaño por causa del placer ya que, aunque no lo sea, les parece un bien. Y eligen lo placentero como si fuera un bien y rehúyen el dolor como si fuera un mal.

É. N. III 1113 a15-b2

38
CARÁCTER VOLUNTARIO DE LAS VIRTUDES

Si el objeto del propósito es el fin y los medios para el fin son objeto del propósito y elegibles, las acciones relacionadas con ello serán acordes con la elección y voluntarias. Y la actividad de las virtudes guarda relación con eso. Y la virtud depende de nosotros, e igualmente el vicio [...].

Y decir que nadie es malvado voluntariamente ni venturoso sin querer parece en parte falso y en parte verdadero, pues nadie es venturoso contra su voluntad, pero la maldad es voluntaria.

¿O cabe la discusión sobre este punto y no se ha de decir que el ser humano es principio y progenitor de sus acciones como de sus hijos? Pero si esto es evidente y no podemos remitirnos a otros principios distintos de los que hay en nosotros, aquello cuyo principio está en nosotros no solo depende de nosotros, sino que además es voluntario.

De esto parece que dan testimonio tanto cada uno en particular como los propios legisladores, pues castigan e imponen indemnizaciones a cuantos han obrado maldades —salvo por violencia o ignorancia de la que no eran responsables— y confieren honras a quienes obraron el bien, para alentar a estos y poner trabas a aquellos.

É. N. III 1113 b3-26

39
UN IMPULSO INNATO

Si cada uno es en cierto modo responsable de su forma de ser, también será responsable en cierto modo de sus ideas; y si no, nadie será responsable del mal que él mismo lleva a cabo, sino que lo lleva a cabo por ignorancia del fin, por haber creído que por ese medio tendría lo mejor.

Pero el impulso hacia el fin no es espontáneo, sino que es preciso haber nacido con una especie de vista con la que se juzgará acertadamente, y se elegirá lo auténticamente bueno, y quien nació con ese don es una persona de grandes dotes, pues eso es lo mejor y lo más hermoso, y no es posible tomarlo ni aprenderlo de otro, sino que uno lo tendrá tal cual nació con él; y ser de naturaleza bella y buena en esto sería la perfecta y verdadera condición noble.

É. N. III 1114 b1-12

40
VIRTUDES Y HÁBITOS

Sobre las virtudes en general hemos dicho como rasgos de su género que son términos medios y que son hábitos y que tienden por sí mismas a practicar los actos de los que nacen; que dependen de nosotros y son voluntarias y como las ordenaría la recta razón.

Pero las acciones no son voluntarias de la misma manera que los hábitos. Pues somos dueños de las acciones desde el principio hasta el final si conocemos las circunstancias particulares, mientras que de los hábitos, solo al principio; porque el detalle de su crecimiento no es conocido, como en el caso de las enfermedades. No obstante, puesto que estaba en nuestra mano usarlos así o de otro modo, por eso son voluntarios.

É. N. III 1114 b26-1115 a3

41
EL VALOR

Tomemos las virtudes de una en una, digamos qué son y a qué se refieren y de qué manera. Y al mismo tiempo será evidente también cuántas son.

Lo primero, sobre el valor. Ya ha quedado claro que es un término medio entre el miedo y la temeridad. Tememos, evidentemente, las cosas temibles, y esas son, por decirlo sencillamente, los males; por eso también definen el miedo como expectativa de males. Así que tememos todos los males, como el deshonor, la pobreza, la enfermedad, la carencia de afectos, la muerte, pero no parece que el valiente lo sea respecto a todos ellos, pues algunos hay que temerlos y es bello, y el no temerlos es bochornoso; por ejemplo, el deshonor, pues el que lo teme es decente y respetuoso, y el que no lo teme, desvergonzado [...]; tal vez no hay que temer a la pobreza ni a la enfermedad ni a los males que no proceden de la vileza ni son por nuestra causa. Pero tampoco es valiente el que no es miedoso a ese respecto, sino que lo decimos por semejanza, pues algunos que son cobardes en los peligros de la guerra se portan como hombres libres y son animosos frente a la pérdida de dinero. Tampoco es uno cobarde si teme la crueldad contra su mujer o sus hijos, o la envidia, o algo de eso; ni tampoco es uno valiente si está animoso cuando le van a azotar.

Entonces, ¿respecto a qué cosas temibles lo es el valiente? ¿Tal vez respecto a las más importantes? Pues nadie tiene más aguante ante lo temible; y lo más temible es la muerte, pues es el término, y para el que está muerto no parece ya que haya cosa buena ni mala [...]. Sin embargo, tampoco parecería que el valiente lo sea ante la muerte en cualquier circunstancia, como en el mar o por enfermedades. ¿En qué circunstancias, entonces? ¿Quizá en las más hermosas? Y esas son las que se dan en la guerra, pues es el mayor y el más hermoso peligro, y proporcionales a él son las honras que tributan por ello las ciudades y los monarcas. Así que propiamente llamaríamos valiente al que no siente temor frente a una muerte hermosa y frente a cuantos riesgos súbitos la producen: y esos son, sobre todo, los de la guerra.

Sin embargo, sí sentirá miedo el valiente en el mar y ante las enfermedades, pero no del mismo modo que la gente de mar: aquellos desesperan de la salvación y se les hace odiosa esa clase de muerte, mientras que estos están esperanzados, apoyados en la experiencia [...].

Y lo temible no es para todos lo mismo, y hablamos incluso de cosas superiores al hombre: esas son temibles para cualquiera que tenga sentido común. Las que son a medida del hombre difieren en magnitud y en grado, y las cosas que infunden ánimo, lo mismo. El valiente no se atemoriza en tanto que ser humano; así que temerá esa clase de cosas como se debe y según lo admita la razón teniendo como fin lo noble, pues ese es el fin de la virtud. [...] Entre los errores está temer lo que no se debe, como no se debe, cuando no se debe y otras cosas semejantes, y lo mismo los rasgos de valor. Y es valeroso el que soporta y teme lo que se debe y por lo que se debe y como y cuando se debe y a pesar de todo mantiene el coraje. Y el valiente soporta y lleva a cabo lo que corresponde al valor por alcanzar la nobleza.

Y de los que se exceden no tiene nombre el que se excede en la falta de temor [...], pero uno sería un loco o un insensible si no temiera nada, ni los terremotos ni las olas, como dicen de los celtas. Y el que se excede en ser animoso frente a lo temible es temerario, y el temerario que finge valor parece que es fanfarrón, pues cuando es como aquel en punto a valor, quiere que se note, y en los casos en que no es capaz, lo imita. Por eso la mayor parte de ellos son a medias temerarios y a medias cobardes, pues aunque presumen en esas circunstancias, no soportan las cosas temibles.

El que se excede en tener miedo es cobarde [...]. El cobarde y el temerario y el valiente lo son respecto a las mismas cosas, pero se comportan de manera distinta ante ellas [...]. Como se ha dicho, el valor es un término medio respecto a lo que infunde ánimo o produce temor. [...]

Pero morir por rehuir la pobreza o el amor o algo penoso no es propio del hombre valiente, sino más bien del cobarde, pues rehuir lo que requiere esfuerzo es flojedad, y no es que lo soporte porque es noble, sino por rehuir el mal.

É. N. III 1115 a3-1116 a15

42
VALOR, DOLOR

Aunque el valor versa sobre audacias y miedos, no se relaciona por igual con ambos, sino más con lo temible, pues el que se muestra imperturbable en estos casos es más valeroso que el que lo hace cuando se requiere audacia: se les llama valerosos, como se ha dicho, porque soportan lo penoso. Por eso el valor conlleva sufrimiento y es alabado justamente, porque es más difícil soportar lo penoso que abstenerse de lo placentero.

Sin embargo, se podría pensar que el fin que corresponde al valor es placentero, aunque desaparezca por lo que tiene en torno, como ocurre en las competiciones gimnásticas: para los púgiles es placentero el fin —aquello por lo que luchan: la corona y los honores—, pero recibir golpes es doloroso —si es que son de carne y hueso— y penoso y todo un esfuerzo. Como son muchos los inconvenientes y pequeño lo que se pretende, no parece que sea nada agradable [...].

Si efectivamente es así lo que concierne al valor, la muerte y las heridas serán penosas para el valiente y contra su voluntad, pero lo soportará porque es noble o porque sería bochornoso no hacerlo. Y cuanto más posea la virtud entera y más dichoso sea, más se afligirá por la muerte. Para ese es para el que es más valioso vivir, y ese será consciente de verse privado de los mayores bienes y eso es penoso, pero no será menos valeroso, será incluso más, porque lo que es hermoso en la guerra se elige antes que aquello otro. Efectivamente, no en todas las virtudes cabe actuar placenteramente, salvo en la medida en que se alcanza el fin.

É. N. III 1117 a29-b16

43
DESPRECIO DEL MERCENARIO

Tal vez, sin embargo, nada impide que los soldados no sean en esto los mejores, sino los menos valerosos, si no tienen ninguna otra cosa buena. Estos están prestos a enfrentarse a los peligros, y canjean su vida por exiguos salarios. [...] Hasta aquí, queda dicho lo relativo al valor.

É. N. III 1117 b17-21

44
MODERACIÓN Y PLACERES

Tras esto, hablemos sobre la moderación, ya que se opina que estas virtudes son propias de las partes irracionales. Ya hemos dicho que la moderación es un término medio en relación con los placeres; con las penas tiene menos relación y no del mismo modo: ahí es también donde aparece el desenfreno.

Determinemos ahora sobre qué clase de placeres; distingamos entre los del alma y los del cuerpo, como el amor a los honores y el amor a aprender; y es que cada uno se deleita con lo que le gusta, aunque su cuerpo no experimente nada, sino más bien su capacidad discursiva. Pero no llamamos moderados ni desenfrenados a los que se interesan por tales placeres, e igualmente no lo decimos de quienes se interesan por los placeres que no son corporales [...].

Así que la moderación tendría que ver con los placeres corporales, si bien tampoco con todos ellos. A los que se deleitan con los placeres de la vista, como los colores y las formas y el dibujo, no se les llama moderados ni desenfrenados; sin embargo, parecería que también en esto hay un deleitarse como se debe y un exceso y un defecto. Lo mismo con los del oído, pues a los que se deleitan excesivamente con las melodías o la representación de los actores nadie los llama desenfrenados, ni moderados a los que lo hacen como se debe.

Tampoco a los que se deleitan con el olfato, salvo accidentalmente, pues no llamamos desenfrenados a los que se deleitan con el olor de las manzanas, las rosas o el incienso, sino a los que se deleitan con los perfumes o las comidas, ya que los desenfrenados se deleitan con ello, porque por ese medio se produce en ellos el recuerdo de sus deseos; uno podría ver que también los demás, cuando tienen hambre, se deleitan con el olor de los alimentos; pero deleitarse con eso es propio del desenfrenado.

Tampoco en los demás animales se da el placer según estos sentidos más que por accidente, pues los perros no se deleitan al oler a las liebres, sino al comerlas, aunque el olerlas despierta la percepción; ni tampoco el león con el mugido del buey, sino al tomarlo como alimento: por medio del mugido se percató de que estaba cerca, y es evidente que se deleita por eso.

É. N. III 1117 b23-1118 a22

45
DESENFRENO

Con esos placeres de los que también participan los demás animales tienen que ver la moderación y el desenfreno: por eso parecen serviles y bestiales. Y esos son el tacto y el gusto [...]. Pero no se deleitan mucho con eso o, por lo menos, no los desenfrenados, sino con el goce que nace por entero del tacto, tanto en las comidas como en las bebidas como en las relaciones sexuales [...]. Así que el más común de los sentidos es con el que tiene que ver el desenfreno. Y parecería justamente ser el más reprochable, porque lo tenemos no en tanto que humanos, sino en tanto que animales. Deleitarse con esas cosas y más aún embelesarse con ellas es propio de bestias.

É. N. III 1118 a23-1118 b4

46
DESEOS, AFICIONES Y MODERACIÓN

De los deseos, parece que algunos son comunes, pero otros, particulares y sobrevenidos. Por ejemplo, el del alimento es natural, pues todo el que lo necesita desea alimento sólido o líquido y a veces ambos —y «el del lecho amoroso», como dice Homero, *el joven en la flor de la edad* (Hom., *passim*)—. Pero no todo el mundo tal cosa o tal otra, ni las mismas. [...]. En los deseos naturales se equivocan pocos, pero en un solo sentido: el de lo más. Pues comer o beber lo que sea hasta darse un atracón es exceder lo acorde con la naturaleza, ya que el deseo natural consiste en cubrir la necesidad [...].

Pero en los placeres propios de cada uno se equivocan muchos y de muchas maneras; ahora bien, en todo —en deleitarse con lo que no se debe o en hacerlo de más o en hacerlo de un modo vulgar o como no se debe— los desenfrenados superan a los que llamamos «aficionados a algo» [...]. Así que queda claro que el exceso respecto a los placeres es el desenfreno y es reprochable.

É. N. III 1118 b8-28

47
PENAS, PLACERES Y MODERACIÓN

En relación con las penas no se llama a uno moderado por resistirlas —como en el caso del valor— ni desenfrenado por no hacerlo, sino que uno es desenfrenado por apenarse más de lo que se debe por no conseguir lo placentero, y otro moderado por no apenarse por la ausencia de lo placentero y por apartarse de ello.

É. N. III 1118 b28-33

48
MODERACIÓN E INSENSIBILIDAD

No se da mucho pecar por defecto respecto a los placeres y deleitarse uno con ellos menos de lo que se debe, pues tal falta de sensibilidad no es humana [...], y los que son así no tienen nombre, porque no se dan mucho. El moderado tiene un comportamiento intermedio respecto a esto [...] y deseará moderadamente y como se debe lo que beneficia a la salud o lo que es grato para el bienestar y los restantes placeres, siempre que no sean obstáculo para esto o estén fuera de lo acertado o por encima de su hacienda.

É. N. III 1119 a5-18

Insensible —o como haya que llamarle— es el que tiene tal disposición que se queda corto en participar en todo aquello en que la mayor parte de las veces participan todos y lo disfrutan.

É. E. III 1231 a26-29

49
EL DESENFRENO, LO VOLUNTARIO Y LA INFANCIA

El desenfreno se parece a lo voluntario más que la cobardía: el primero se produce por causa del placer, mientras que la segunda por la pena, y de esas cosas la una se elige, mientras que la otra se rehúye; [...] así que es más voluntario y, por ello, más reprochable, pues es fácil acostumbrarse a ella [...].

También aplicamos el nombre de desenfreno a los errores de los niños, porque tienen cierta semejanza [...], ya que aquello que tiende a lo malo y crece mucho requiere contención, y así son especialmente el deseo y el niño, pues los niños viven según su deseo y en ellos se da especialmente la inclinación al placer. Y si no se hace dócil y sometido a la autoridad, irá a más, pues el afán de placer es insaciable y al insensato le viene de todas partes, y la actividad del deseo acrecienta la tendencia innata, y si son deseos grandes y potentes, incluso echan abajo el raciocinio.

Por eso los deseos han de ser pocos y comedidos y que no se opongan en absoluto a la razón —a eso lo llamamos ser dócil y estar hecho a la contención—; y del mismo modo que el niño vive según las instrucciones del pedagogo, así también han de estar los deseos sometidos a la razón. [...] Quede dicho esto sobre la moderación.

É. N. III 1119 a21-b18

50
LA LIBERALIDAD

Hablemos a continuación sobre la liberalidad. Parece que es un término medio respecto a las riquezas; al hombre liberal se le alaba no en los asuntos guerreros ni en los que al moderado, ni tampoco en sus juicios, sino en relación con el dar y tomar riquezas, pero sobre todo en darlas; y llamamos riquezas a todo aquello cuyo valor se mide en dinero.

É. N. IV 1119 b22-27

51
RETRATO DEL LIBERAL

Las acciones conformes a la virtud son nobles y se hacen con vistas a lo noble; por tanto, el liberal dará por un fin noble y de modo correcto, pues dar a quienes se debe y cuanto se debe y cuando se debe y todo lo demás se sigue del modo correcto de dar. Y eso, con gusto o sin disgusto, pues lo que se hace según la virtud es agradable o indoloro, pero en mínima medida doloroso.

Al que da a quienes no debe o no por un fin noble, sino por alguna otra razón, no se le llamará liberal, sino alguna otra cosa; ni tampoco al que da con pesadumbre, pues estaría prefiriendo el dinero a la acción noble, y eso no es propio del liberal.

Tampoco tomará de donde no debe, pues aceptar dinero de ese modo no es propio de quien no lo venera; y no debería tampoco ser pedigüeño, pues no es propio de quien actúa bien aceptar dádivas a la ligera; y para poder dar lo tomará de donde se debe —por ejemplo, de lo suyo propio— no como cosa noble, sino como cosa obligada.

Y tampoco se despreocupará de lo suyo, al menos si pretende ayudar por ese medio a alguien. Y para poder dar a quienes se debe y cuando y donde es noble hacerlo, tampoco dará a quien sea: que también es muy propio del liberal excederse en la dádiva hasta el punto de que quede poco para él mismo, pues no mirar por sí mismo es propio del liberal.

Por otra parte, a la liberalidad se le da ese nombre de acuerdo con la hacienda, pues la liberalidad no reside en la cuantía de lo dado, sino en la disposición del que da, y esta da de acuerdo con la hacienda; y nada impide que sea más liberal el que da menos si da de una fortuna menor.

Parece que son más liberales quienes no han amasado su hacienda, sino que la han recibido, porque no son conocedores de la indigencia, y todos tienen un apego especial a sus propias obras, como los padres y los poetas [...].

No es fácil que el liberal se enriquezca, al no ser amigo de aceptar dinero ni de guardarlo, sino de dejarlo ir, y porque no aprecia la riqueza por sí misma, sino para hacer dádivas; por eso se reprocha a la Fortuna que, siendo los más dignos, son los que menos se enriquecen [...].

É. N. IV 1120 a23-b18

Siendo la liberalidad un término medio en el dar y tomar riquezas, el liberal dará y gastará en lo que se debe y cuanto se debe, lo mismo en las cosas pequeñas que en las grandes, y lo hará con gusto; y lo tomará de donde se debe y cuanto se debe [...]. Y si le ocurre que gasta fuera de lo que se debe y de lo que está bien, se dará disgusto, pero comedidamente y como se debe, pues es propio de la virtud deleitarse y disgustarse por lo que se debe y como se debe.

Con el liberal es fácil tratar cuestiones de dinero ya que, al no venerar el dinero, puede quedar perjudicado, y no gastar en lo que debe le pesa más de lo que le disgusta haber gastado en lo que no debía.

É. N. IV 1120 b27-1121 a7

52
LA PRODIGALIDAD

Hemos dicho que los excesos y defectos son la prodigalidad y la avaricia en las dos cosas, en dar y en tomar (el gasto lo ponemos como dádiva). La prodigalidad se excede en dar y no tomar, y en tomar se queda corta, y la avaricia se queda corta en dar y se excede en tomar, salvo en las cosas pequeñas. Lo requerido por la prodigalidad no suele darse junto, pues no es fácil dar a todos si no se toma de ninguna parte. Y pronto les faltará la hacienda a los particulares dadivosos, que son precisamente los que parecen pródigos.

En todo caso, alguien así parecería mejor que el avaro, y no poco, pues es mal que se cura con la edad y la falta de recursos, y puede llegar al término medio [...], que excederse en dar y no tomar no es cosa de malvados o de innobles, sino de mentecatos.

Pero muchos de los pródigos, además, como hemos dicho, toman de donde no se debe y en ese sentido son avaros. Se vuelven aficionados a tomar dinero porque quieren gastar pero no pueden hacerlo cómodamente, pues pronto les faltan recursos. Por tanto, se ven forzados a allegarlos de otra parte. Y al tiempo, además, los toman de todas partes, porque, despreocupadamente, no se inquietan por lo que está bien: quieren hacer dádivas y el cómo o el de dónde tampoco les importa. Por eso sus dádivas tampoco son liberales, pues ni son nobles ni las hacen con vistas al bien ni como se debe, sino que a veces hacen ricos a los que debían ser pobres y no darían nada a los de carácter comedido, pero dan mucho a los aduladores o a los que les proporcionan algún otro placer. Por eso la mayor parte de ellos son licenciosos, pues son dilapidadores y se lo gastan en sus desenfrenos, y como no viven mirando a lo bueno, se inclinan a los placeres. El pródigo, si se le deja sin educar, se transforma en eso, pero si consigue que se ocupen de él, podría llegar al término medio y a lo que se debe.

É. N. IV 1121 a10-b12

53
LA AVARICIA

La avaricia, por el contrario, es incurable —parece que la vejez y cualquier debilidad nos hacen miserables— y es más connatural a los seres humanos que la prodigalidad, pues la mayoría son amantes del dinero más que dadivosos. Se extiende mucho y tiene muchas formas [...] y consiste en dos cosas, en el defecto en dar y el exceso en tomar; no se presenta completa en todos, sino que a veces se divide, y unos se exceden en tomar y otros se quedan cortos en dar. Los que reciben nombres como «tacaños», «mezquinos», «codiciosos», todos se quedan cortos en dar, pero no desean lo ajeno ni pretenden tomarlo [...].

Otros se exceden en tomar cualquier cosa y de cualquier parte, como los que se dedican a ocupaciones indignas —los proxenetas y todos los de ese estilo y los prestamistas de cantidades pequeñas a elevado interés—, pues todos esos lo toman de donde no se debe y en la cuantía que no se debe. Parece que lo que tienen en común es el afán de lucro, pues es por un lucro, aunque sea pequeño, por lo que todos afrontan los reproches.

A los que lo toman en gran cantidad de donde no deben y lo que no deben no los llamamos avaros, como a los tiranos que saquean ciudades y entran al pillaje en los templos, sino más bien malvados e impíos e injustos. Y el jugador y el descuidero y el salteador se cuentan entre los avaros, pues son amantes del lucro [...] y todas esas formas de tomar dinero son avariciosas.

Normalmente se dice que la avaricia es lo contrario de la liberalidad, pues es un vicio mayor que la prodigalidad y yerran en ella más que en la dicha prodigalidad.

É. N. IV 1121 b12-1122 a16

54
LA ESPLENDIDEZ

Estaría bien que lo siguiente sea tratar sobre la esplendidez, pues se está de acuerdo en que también esta es una virtud relativa al dinero. De modo distinto a la liberalidad, no se extiende a todas las acciones relativas al dinero, sino solo a las que conllevan gastos, y en estas excede en magnitud a la liberalidad. Como su nombre indica, es un gasto acorde con una cosa de relevancia, y una cosa de relevancia tiene que ver con lo adecuado, pues no corresponde el mismo gasto a un trierarca que al que organiza una procesión[3] —la ocasión tiene que ver con él y con el «en qué» y el «respecto a qué»—. Y es que no se llama espléndido al que gasta de modo adecuado en cosas pequeñas o medianas, como lo de «Muchas veces di al vagabundo» (*Odisea* XVII, 420-421), sino al que lo hace así en las grandes.

El espléndido es liberal, pero el liberal no es especialmente espléndido; en este modo de ser el defecto se llama tacañería, y el exceso ostentación y vulgaridad y todos los nombres semejantes, cuando se exceden en grandeza no en lo que se debe, sino en lo que no se debe y haciendo alarde como no se debe.

El espléndido se parece al entendido, pues es capaz de fijarse en lo conveniente y hacer grandes dispendios en la medida adecuada [...]. Los gastos del espléndido son grandes y adecuados y así son también sus obras; y de este modo, el gasto será grande y adecuado a la obra; de modo que la obra parece digna del gasto y el gasto digno de la obra o, incluso, la excede; y hará esos gastos con vistas al bien, pues eso es común a las virtu-

3. Las *trierarquías* (sostenimiento durante un año de una nave de guerra), al igual que la organización de procesiones, eran formas de *leitourgía*, un tipo impositivo que se satisfacía no mediante dinero, sino mediante esos servicios, y que gravaba las grandes fortunas de Atenas. Pero mientras que el mantenimiento de la trirreme tenía un coste muy elevado, la organización de una procesión suponía un gasto mucho menos gravoso.

des; y además lo hará con gusto y generosamente, pues andar con fruslerías es tacañería. Y antes mirará cómo hacerlo lo mejor y lo más adecuado posible que por cuánto o que cómo hacerlo por lo menos posible.

É. N. IV 1122 a18-1122 b10

55
LA ESPLENDIDEZ, VIRTUD DE ACAUDALADOS

Tiene que ver con los gastos que llamamos «de honor», como los relativos a los dioses —ofrendas y enseres de culto y sacrificios— y, de modo semejante, con todo lo religioso y con cuanto se hace para quedar bien en público; por ejemplo, si creen que es preciso atender brillantemente una coregia o una trierarquía o dar un banquete a la ciudad.[4] Y en todas estas cosas, como se ha dicho, el «quién es» y «con qué medios cuenta» se refieren a quien lo lleva a cabo; pues es necesario que sea digno de esto y adecuado no solo a la obra sino también a quien la hace.

Por eso un pobre no podría ser espléndido, pues no tiene recursos para hacer mucho gasto adecuadamente, y el que lo intenta es un simple, pues queda fuera de su

4. Las *coregias* (gastos inherentes al montaje de un coro para una representación dramática) y los banquetes públicos eran también formas de *leitourgía*. Estos impuestos podían ser evitados si el ciudadano a quien había correspondido consideraba que había otro más rico que él a quien no se había reclamado ese mismo servicio, pues tenía en derecho la posibilidad de poner al otro en la disyuntiva de o bien aceptar en público ser más rico y afrontar el gasto o bien intercambiar la hacienda con el primero (*antídosis*).

Ahora bien, una vez asumida la *leitourgía*, era cuestión de honor desempeñarla no solo dignamente sino, incluso, brillantemente, y los ciudadanos acaudalados rivalizaban en la belleza y magnificencia con que cumplían la obligación.

alcance y de su obligación; y conforme a la virtud es lo que se hace correctamente. Les corresponde, por el contrario, a quienes por sí o por sus antepasados o sus relaciones cuentan previamente con los medios, y a los nobles y a quienes ocupan puestos preeminentes y a gente así, pues esos puestos conllevan grandeza y dignidad [...].

Para los particulares, sin embargo, eso pasa una vez en la vida, como una boda o algo de ese tipo o algo que interesa a toda la ciudad o, a los que ocupan puestos relevantes, en la recepción y despedida de huéspedes[5] y en el intercambio de regalos. Pues el espléndido no es gastador consigo mismo, sino en interés general, y los regalos tienen cierta semejanza con las ofrendas.

É. N. IV 1122 b19-1123 a5

56
LA TACAÑERÍA Y EL MAL GUSTO

Así es el espléndido. El que se excede y la persona de mal gusto se excede en gastar sin necesidad, como se ha dicho, pues gasta mucho en pequeños dispendios y brilla fuera de tono, como quien en un simposio aporta como para un banquete nupcial[6] o el corego que viste de púrpura a los cómicos para la salida a escena[7] [...]. Y todo eso

5. Véase la nota 14.

6. Los simposios eran habitualmente cenas a escote, a las que cada comensal aportaba su parte.

7. Para los atenienses, las representaciones de tragedias, como acto principal del culto a Dioniso que eran, debían estar rodeadas de dignidad y grandeza, y del corego se esperaba que vistiera a los personajes magníficamente (en sentido aristotélico). En las comedias, aunque también eran parte de ese mismo culto, no había tal necesidad. Las pinturas de los vasos nos hacen ver que los actores cómicos vestían, en buena medida, a semejanza de los esclavos o los trabaja-

lo hace no con vistas al bien, sino para presumir de riqueza y creyendo que por ello será admirado [...].

Y el tacaño se quedará corto en todo, y gastándose muchísimo en lo pequeño echará a perder la nobleza, y lo que haga lo hará con parsimonia y mirando cómo gastar lo menos posible y, aun eso, quejándose y creyendo haber hecho en todo más de lo que debía.

É. N. IV 1123 a18-31

57
LA MAGNANIMIDAD

La magnanimidad tiene que ver con las cosas grandes y es lo que parece por su nombre[8] [...]. Parece que es magnánimo el que, mereciendo mucho, se considera a sí mismo digno de ello. El que hace eso mismo sin tener el merecimiento, es un necio [...]. El que se considera a sí mismo digno del merecimiento que tiene, teniéndolo menor, es moderado, pero no magnánimo, pues la magnanimidad está en la grandeza, igual que la belleza en un cuerpo de buena estatura —los bajitos son graciosos y proporcionados, pero no bellos—. Y el que se considera a sí mismo digno de grandes cosas careciendo de merecimiento es un vanidoso [...]; el que se considera digno de más de lo que merece no siempre es vanidoso, y el que se valora en menos de su merecimiento es apocado [...].

El magnánimo es, por su grandeza, un extremo, pero un término medio en el «como se debe», pues se

---

dores manuales: hacer salir a un coro de comedia vestido de púrpura (carísimo tinte importado de las costas fenicias) era un verdadero despropósito, digno de un pretencioso sin sentido del decoro.

8. En griego *megalopsychía*, que significa, literalmente, «grandeza de alma».

valora a sí mismo de acuerdo con su merecimiento [...]. El magnánimo es como se debe respecto a honores y deshonores [...], el apocado se queda corto en cuanto a sí mismo y en cuanto a la pretensión de merecimiento del magnánimo [...]. El vanidoso se excede en cuanto a sí mismo, pero no respecto al magnánimo. El magnánimo, si de verdad tuviera el merecimiento, sería el mejor [...] y parecería que lo grande en cada virtud es propio del magnánimo, y de ningún modo armoniza con el magnánimo huir a la carrera ni obrar injustamente. ¿Con qué fin iba a obrar cosas bochornosas aquel para quien nada es grande?

Parece, pues, que la magnanimidad es como un adorno de las virtudes, pues las engrandece y no se da sin ellas. Por eso es verdaderamente difícil ser magnánimo, pues no es posible serlo sin virtud y nobleza [...].

El magnánimo lo es sobre todo, como se ha dicho, respecto a los honores, pero también se comportará comedidamente respecto a la riqueza, el poder y cualquier buena fortuna o infortunio, sea como sea, y ni al ser afortunado estará exultante ni al ser infortunado, desconsolado [...], pues aquel para quien son cosa pequeña los honores también lo será lo demás; por eso parece que miran por encima del hombro.

Parece también que a la magnanimidad viene a unirse la buena suerte, pues los de buena familia merecen honores, y lo mismo los que tienen poder o riquezas, pues están en una posición superior, y todo lo que es superior en bien es merecedor de honras; por eso esas cosas les hacen más magnánimos, pero los que tienen esos bienes sin virtud ni tienen razón para creerse dignos de grandes cosas ni se les llama acertadamente magnánimos, sino que los que tienen esos bienes se vuelven despreciativos y faltones, pues no es fácil sobrellevar la buena fortuna sin virtud. Y como no pueden sobrellevarlo y creen ser más que los otros, los desprecian y hacen ellos lo que se les ocurre.

É. N. IV 1123 a34-24 b2

58
RETRATO DEL MAGNÁNIMO

El magnánimo desprecia con justicia, pues su opinión es verdadera, mientras que el vulgo, al azar. Como estima pocas cosas, ni ama el peligro ni se achanta ante él, sino que se enfrenta a los grandes peligros y, cuando está en riesgo, no es cicatero de su vida, en la idea de que es indigno vivir de cualquier modo. Y aunque hace el bien, le avergüenza recibir beneficios, pues lo primero es propio del que está por encima; lo último, del inferior; y corresponde a los beneficios con otros mayores, pues así el que empezó estará en deuda con él y habrá recibido un bien. Parece que guardan memoria de aquellos a los que hicieron el bien, pero no de quienes se lo hicieron a ellos, pues el que recibe el bien es menos que el que lo hace, y él quiere ser superior, y lo uno lo escucha con gusto, lo otro con desagrado [...].

También es propio del magnánimo no necesitar de nadie, o apenas, y ayudar con buena disposición, y mostrarse altivo con los que ocupan puestos relevantes y con los afortunados, pero comedido con los intermedios; pues estar por encima de los primeros es difícil y respetable, y de los otros, fácil, y ser respetado por aquellos no es innoble, pero serlo entre los humildes es molesto, como mostrarse fuerte con los débiles.

Y [también es propio del magnánimo] no ansiar los puestos de honor o donde el primer lugar lo ocupan otros; y ser inactivo y renuente, salvo donde hay una honra grande o una tarea, y llevar a cabo pocas cosas, pero grandes y de renombre.

Y por fuerza sus antipatías y simpatías serán evidentes —pues ocultarse es propio de quien tiene miedo y es despreocuparse de la verdad más que del buen nombre—, y hablará y actuará a las claras —pues por ser despectivo será de total franqueza y persona de decir las verdades, salvo ante el vulgo y por ironía—. Y no es capaz de vivir pendiente de otro más que del amigo, pues lo otro es de esclavos. Por eso todos los aduladores son asalariados y los humildes son aduladores; tampoco tiende a la admiración, pues para él nada es grande; ni tampoco rencoroso, pues no es propio del magnánimo guardar recuerdos —y menos de lo malo— sino más bien dejar correr.

Tampoco es amigo de murmurar sobre la gente, pues no andará hablando sobre sí mismo ni sobre otros, ya que no le importa que le alaben o que critiquen a otros; tampoco será amigo de alabar y, por ello mismo, tampoco maledicente, ni siquiera respecto a los enemigos, a no ser por ira.

Y no es nada quejica ni amigo de pedir en las cosas necesarias o pequeñas, pues es propio de la persona seria portarse así en esos asuntos. Y antes quiere poseer cosas bellas e improductivas que fructíferas y provechosas, pues prefiere ser autosuficiente.

Y parece que es propio del magnánimo el movimiento pausado y la voz grave y el hablar reposado, pues no ha de ser apresurado quien se toma interés por pocos asuntos, ni vehemente el que no considera grande cosa alguna. Y la voz aguda y la celeridad se producen por esas razones. Tal es el magnánimo.

É. N. IV 1124 b5-1125 a17

59
EL APOCADO Y EL VANIDOSO

El que se queda corto es apocado, y el que se excede, vanidoso. Tampoco parece que estos sean malvados, pues no llevan a cabo maldades, pero están equivocados. El apocado, siendo digno de bienes, se priva a sí mismo de lo que merece, y por no considerarse a sí mismo merecedor de bienes y por no conocerse a sí mismo parece tener algún defecto [...]. Estos no es que sean torpes, sino más bien retraídos, pero esa opinión parece que los hace peores [...].

Los vanidosos, por su parte, son necios y no se conocen a sí mismos, y eso es palmario. Pues pretenden puestos de honor sin ser dignos de ellos, y luego son rechazados. Y se adornan con vestidos y posturas y cosas así, y pretenden que todo el mundo sepa las cosas que por azar les salen bien, y dicen de sí mismos que por eso merecen recibir honores.

A la magnanimidad se le opone más el apocamiento que la vanidad, y además esta última se da más y es peor.

É. N. IV 1125 a17-34

60
LA AMBICIÓN

Igual que en el dar y tomar dinero hay un término medio y un exceso y un defecto, también en el deseo de honores se da el más y el menos y el por lo que se debe y el como se debe.

Al que es ambicioso le hacemos reproches por ansiar honores más de lo que se debe y por lo que no se debe, y al que no es ambicioso, por no escoger recibir honores ni siquiera por sus acciones nobles. A veces alabamos al ambicioso por viril y amante de lo noble, y al que no lo es por comedido y moderado [...]. Pero como empleamos ese término en muchos sentidos, está claro que no siempre nos referimos a lo mismo con «ambicioso», sino que unas veces lo alabamos por serlo más que la mayoría y otras se lo reprochamos por serlo más de lo que se debe.

Como el término medio está sin nombre, parece que los extremos se lo disputan por estar vacío. Pero en donde hay exceso y defecto, hay término medio y hay también un como se debe. En consecuencia, esa forma de ser es la que se alaba, la que es el término medio sin nombre respecto a los honores.

É. N. IV 1125 b6-21

61
EL BUEN CARÁCTER

El buen carácter es el término medio respecto a la cólera. Como el término medio no tiene nombre, casi que igual que los extremos, relacionamos el buen carácter con el término medio aunque tienda al defecto, ya que este tampoco tiene nombre. El exceso podría llamarse irascibilidad y la pasión es la cólera, y las cosas que la producen son múltiples y diversas.

El que se encoleriza por lo que se debe y con quienes se debe y además como y cuando se debe, es alabado, y este sería el de buen carácter si el buen carácter se alabara. El de buen carácter quiere ser imperturbable y no dejarse llevar por la pasión, sino según manda la razón, y enfadarse en esas condiciones y por ese tiempo. Pero más bien parece que peca por defecto, pues el de buen carácter no es vengativo, sino más bien indulgente. Y el defecto, sea ausencia de ira o lo que sea, se reprocha, pues los que no se enfadan por lo que deben parecen necios, y también los que lo hacen como no se debe o cuando o con quienes no se debe. Parece que ni sienten ni padecen, y que como no se enfadan, no se van a defender; y soportar el insulto o ver con desinterés el de los más cercanos es de esclavos [...].

Los de mal genio se enfadan enseguida y con quienes no deben y por lo que no se debe y más de lo que se debe, pero lo dejan pronto. Es lo mejor que tienen. Les ocurre que no contienen su cólera, sino que responden con ella de un modo que se hace evidente por la intensidad, y luego se relajan.

En el exceso, los irascibles son intensamente coléricos frente a todo y por todo, de ahí el nombre. Los amargados se apaciguan difícilmente y están airados durante mucho tiempo, pues conservan el enfado, y cesan en él cuando responden, pues la venganza hace cesar la cólera poniendo placer en lugar del disgusto; pero si esto no ocurre, están apesadumbrados. Como su enfado no es visible, nadie se pone a aplacarlos, y hace falta tiempo para digerir la cólera en el propio interior de uno mismo. Estos son los más molestos para sí mismos y para los más próximos.

Y llamamos coléricos a los que se enfadan por lo que no se debe y más de lo que se debe y por más tiempo, y que no se aplacan sin venganza o castigo [...].

No es fácil determinar cómo y con quiénes y por qué razones y durante cuánto tiempo ha de enfadarse uno y hasta qué punto obra uno bien o se equivoca. El que se sale un poco de eso no recibe reproches ni por lo más ni por lo menos, pues a veces alabamos a los que se quedan cortos y decimos de ellos que tienen buen carácter, y a los que se encolerizan los llamamos viriles por ser aptos para mandar.

El que se extralimita en alguna medida o de algún modo merece reproche, pero no es fácil explicarlo con palabras, pues la decisión depende de las circunstancias y de la sensibilidad, pero lo que está totalmente claro es que es loable la manera de ser intermedia, de acuerdo con la cual nos encolerizamos con quienes se debe y por lo que se debe y como se debe y todo eso, y [está claro también] que los excesos y defectos son reprobables.

É. N. IV 1125 b26-26b7

62
LA IRA

Aristóteles se erige en defensor de la ira y se opone a que nos sea extirpada. Afirma que es un estímulo de la virtud y que, si la arrancamos de nuestro ánimo, este queda inerme e indolente e incapaz de acometer grandes empresas.

Político, frg. 3c (Séneca, *Sobre la ira* III 3,1)

La ira, afirma Aristóteles, es necesaria, porque sin ella nada puede lograrse; solo ella puede henchir el ánimo y encender el espíritu. Sin embargo, hemos de usarla no a modo de general, sino como soldado.

Político, frg. 3b (Séneca, *Sobre la ira* I 9,2)

63
LA VIRTUD EN EL TRATO SOCIAL

En el trato y la convivencia y las conversaciones y los asuntos materiales se está de acuerdo en que unos parecen ser obsequiosos, los que lo alaban todo para dar gusto y no ponen objeciones a nada, sino que creen que no hay que dar molestias a aquellos con quienes se topan; los que, al revés que estos, ponen pegas a todo, sin preocuparse en absoluto de si dan disgustos, se llaman de mal carácter y peleones.

Salta a la vista que las formas de ser mencionadas son reprobables y que la intermedia entre estas es loable, de acuerdo con la cual acepta uno lo que se debe y como se debe, pero también, igualmente, otras cosas las rechaza. No se le ha dado nombre alguno, pero tal vez a lo que más se parece es al trato amistoso. Ese es el modo de ser intermedio, con el que estamos dispuestos a designar al buen amigo si le añadimos el afecto.

Se distingue de la amistad, no obstante, en que se da sin pasión ni cariño hacia aquellos con los que se tiene trato, pues lo toma todo como es debido no por amistad ni por inquina, sino porque es así, pues lo hará por igual con conocidos y desconocidos, con los habituales y con los que no lo son, salvo en que en cada cosa se porta como corresponde, ya que no es adecuado preocuparse ni entristecerse por igual por los habituales y por los extraños. En general, como se ha dicho, los tratará como se debe tomando como referencia lo noble y buscará lo conveniente, pero no para disgustar o complacer.

É. N. IV 1126 b11-30

64
JACTANCIA, IRONÍA Y FRANQUEZA

Casi en torno a lo mismo está también el término medio entre la arrogancia y la ironía, pero este tampoco tiene nombre [...].

Hemos hablado de los que en la convivencia procuran a otros el agrado o el desagrado; hablemos también de los que son veraces y falaces tanto en sus palabras, como en sus acciones y en sus pretensiones. Se está de acuerdo en que el jactancioso finge que le corresponden cualidades notables tanto inexistentes como mayores de lo que son, y en que el irónico, al contrario, niega sus cualidades o las empequeñece, mientras que el intermedio, siendo persona sencilla y franca tanto en su vida como en sus palabras, reconoce las cualidades que le corresponden sin pretender que son mayores o menores [...].

La mentira es por sí misma vil y reprensible, y la verdad noble y loable; así también el hombre franco y veraz, que es un término medio, es loable, y los que mienten son, tanto unos como otros, merecedores de reproche, pero más el jactancioso.

Hablemos de ambos tipos, pero primero del veraz, porque no nos referimos al hombre veraz en los contratos ni en lo que toca a la injusticia o la justicia, que eso es cosa de otra virtud, sino del que tiene ese modo de ser en lo que no tiene importancia ni de palabra ni en su vida cotidiana. Parecería que esto es lo más adecuado, pues el hombre franco y veraz, ya que dice la verdad en lo que no importa, también dirá la verdad, y más aún, en lo que importa.

El que finge cualidades mayores que las que tiene sin ninguna finalidad se parece a la persona vil [...], pero evidentemente es más vanidoso que malvado. Si lo hace con alguna finalidad, el que lo hace por la gloria o los honores no es demasiado censurable, pero el jactancioso por dinero o por lo que le aportaría dinero es más indecente [...]. Los jactanciosos en razón de la gloria fingen cosas de las que resultan alabanzas o felicitaciones, mientras que los que lo son por el lucro fingen cosas de las que el prójimo obtendría alguna utilidad y que pasan desapercibidas cuando no existen, como ser adivino, experto o médico [...].

Los irónicos, como se hacen de menos al hablar, parecen más agradables de carácter, pues no parece que hablen así por un provecho, sino para escapar a la ostentación. Estos niegan sobre todo tener cualidades honorables, como hacía Sócrates. Y a los que reniegan de las cualidades pequeñas y manifiestas se les llama mordaces y son los más despreciables; y a veces parece jactancia, como la vestimenta de los laconios, pues tan jactancioso es el exceso como la demasía en quedarse corto. Los que usan la ironía con comedimiento y hablan irónicamente de lo que no causa demasiado trastorno y salta a la vista, resultan agradables. Ahora bien, parece que al veraz se opone el jactancioso, que es peor [que el irónico].

É. N. IV 1127 a13-b32

65
LA RISA

Como en la vida también se da el descanso, y en él se produce esparcimiento con bromas, parece que también ahí hay una forma de trato entonado y unas cosas que se deben decir y un modo de decirlas e igualmente de escucharlas [...]. Y está claro que también en esto hay un exceso y un defecto del término medio.

Los que se exceden en lo risible parece que son chocarreros y pesados, que ansían lo risible en cualquier caso y que tienen como objetivo antes provocar la risa que decir lo conveniente sin molestar al ridiculizado. Los que no dicen ellos nada risible y se enfadan con quienes lo dicen parecen palurdos y hoscos. A los que participan de las bromas con moderación se les llama ingeniosos por su talante versátil, pues esos movimientos parece que vienen del carácter, e igual que se juzgan los cuerpos por sus movimientos, lo mismo los caracteres [...].

El tacto está próximo a la manera de ser intermedia. Propio de la persona de tacto es decir y escuchar cosas que casan bien con lo mesurado y con lo que es adecuado al hombre libre, pues hay cosas que a él le es apropiado decir y escuchar en materia de bromas, y la broma del hombre libre se distingue de la del siervo, y la del educado de la del ineducado [...].

La burla es una forma de insulto, y los legisladores prohíben ciertos insultos [...]. El hombre libre y con gracia será tal y como si él fuera su propia ley; y ese es el término medio, ya se le llame persona de tacto o ingenioso. Uno podría percatarse comparando las comedias antiguas con las nuevas, pues en aquellas la comicidad venía de las obscenidades, y en estas de la alusión;[9] estas cosas difieren, y no poco, en punto a decoro [...].

Al chocarrero le puede lo risible, y con tal de provocar la risa no perdona ni a los demás ni a sí mismo, y dice cosas tales que la persona con gracia no diría en absoluto y algunas, incluso, que ni siquiera escucharía.

El palurdo es un inepto en esta clase de trato, pues no interviene en este género de conversaciones y todo lo lleva a mal. Pero parece que el descanso y la broma son cosas necesarias en la vida.

É. N. IV 1127 b33-1128 b4

9. Se refiere a la caracterización de la comedia antigua, representada para nosotros por Aristófanes —amigo de la burla personal y la «sal gruesa» en la comicidad—, frente a la comedia nueva, que conocemos por las obras de Menandro, cuyos personajes y situaciones antes producen la sonrisa que la carcajada.

66
RESPETO Y VERGÜENZA

No es adecuado hablar del respeto como una virtud, pues se parece más a un sentimiento que a un modo de ser. Se define como una forma de miedo al desprestigio y viene a dar en algo próximo al miedo al peligro, pues los que se avergüenzan se ponen colorados y los que temen a la muerte se ponen pálidos. Es evidente que ambos hechos son somáticos, lo que parece más propio del sentimiento que del modo de ser.

Este sentimiento no cuadra a cualquier edad, sino a la juventud: consideramos que es preciso que los jóvenes sean respetuosos porque, como viven según el sentimiento, yerran mucho y el respeto les pone trabas, y alabamos a los jóvenes respetuosos, pero nadie alabaría a un anciano por vergonzoso, pues creemos que este no debe llevar a cabo lo que produce vergüenza, ya que la vergüenza no es apropiada en el hombre decente. Tampoco es adecuada si se produce por acciones viles, pues esas no hay que llevarlas a cabo, y da lo mismo que sean bochornosas de verdad o en opinión de la gente: no hay que llevarlas a cabo en ninguno de los dos casos, de modo que no haya que avergonzarse después. Y ser de tal manera que lleve uno a cabo una obra vergonzosa, es propio del hombre vil [...].

El respeto se da en lo voluntario, pues la persona con decoro nunca llevará a cabo acciones viles involuntariamente; la vergüenza entonces sería decorosa hipotéticamente, pues si las llevara a cabo, se avergonzaría. Pero eso no ocurre con las virtudes. Y si es una cosa vil la desvergüenza y el no avergonzarse por obrar lo vergonzoso, el avergonzarse por haber obrado así no sería más decoroso.

É. N. IV 1128 b10-b33

67
JUSTICIA E INJUSTICIA: POLISEMIA EN LOS TÉRMINOS

Respecto a la justicia y la injusticia, se ha de estudiar sobre qué acciones versan y de qué es término medio la justicia y de qué es término medio lo justo. Nuestro estudio seguirá el mismo método que en lo anterior. Vemos que todos pretenden llamar justicia a un modo de ser tal que por él practicamos lo justo y actuamos justamente y queremos lo justo [...].

Muchas veces si uno de dos términos contrarios se dice en muchos sentidos, también el otro se dirá en muchos sentidos, y parece que la justicia y la injusticia se dicen en múltiples sentidos [...].

Tomemos los sentidos en que se dice «injusto». Parece que es injusto el que vulnera la ley y el codicioso y el inicuo, de modo que es evidente que el justo será el que respeta la ley y el cabal [...].

Puesto que el que vulnera la ley es injusto, y el que la respeta, justo, está claro que todo lo legal es en cierto modo justo, pues son legales las cosas determinadas por la legislación, y afirmamos que cada una de ellas es justa. Las leyes se pronuncian sobre todos los asuntos y se proponen alcanzar lo que conviene o a todos en común o a los mejores o a los que gozan de determinada potestad o según algún otro criterio semejante. De modo que en un sentido llamamos justo a lo que produce y preserva la felicidad y sus partes para la comunidad política.

É. N. 1129 a3-b19

68
JUSTICIA TOTAL Y PARCIAL

La ley manda hacer tanto las obras propias del valiente —no abandonar la formación ni huir ni tirar las armas—, como las del moderado —no cometer adulterio ni ofender—, como las del apacible —no golpear a otro ni hablar mal de él—, y lo mismo respecto a las otras virtudes y maldades, ordenando las unas y prohibiendo las otras, rectamente cuando está establecida correctamente, peor cuando está hecha de cualquier manera.

Esta justicia es una virtud perfecta pero no en sentido absoluto, sino en relación a otro. Y por eso la justicia parece muchas veces ser la mejor de las virtudes, y «Ni el lucero del atardecer ni el lucero del alba son tan admirables». Y lo decimos con un proverbio: «En la justicia está, en suma, toda virtud». Y es la virtud más perfecta porque consiste en el uso de la virtud perfecta; y es perfecta porque el que la tiene puede servirse de la virtud para con otro, pero no para consigo mismo solo. Y es que muchos pueden servirse de la virtud en los asuntos particulares, pero son incapaces en lo que tienen que ver con los demás.

Por eso está bien la frase de Bías, lo de que «El poder te mostrará al hombre»,[10] pues el gobernante se desenvuelve en relación con los demás y con la comunidad. Por eso mismo la justicia es también la única de las virtudes que parece consistir en el bien ajeno, porque actúa en relación con otro, pues hace lo que conviene a otro, sea gobernante o compañero.

10. El primero de los versos citados se atribuye a Eurípides (frg. Nauck), el segundo, a Teognis (v. 147); el proverbio de Bías, uno de los Siete Sabios, equivale a nuestro coloquial «Si quieres conocer a Fulanito, dale un carguito».

En consecuencia, el peor es el que usa la maldad tanto para sí mismo como para los suyos, y el mejor el que usa la virtud no para consigo mismo, sino para con otro, pues esa es difícil tarea. Esta justicia no es una parte de la virtud, sino la virtud entera, y su opuesto, la injusticia, no es una parte de la maldad, sino la maldad íntegra [...].

Pero estamos investigando la justicia que es parte de la virtud, pues hay una que lo es, como hemos dicho, y lo mismo respecto a la injusticia parcial. La señal de que existe es que en las otras formas de maldad el que las lleva a cabo obra injustamente, pero no codicia nada, como el que tira el escudo por cobardía, o el que es maledicente por mal carácter o el que no socorre con su dinero por avaricia. Pero cuando es codicioso, no es por ninguna de estas cosas ni tampoco por todas ellas, sino por cierta maldad —y se la reprochamos— y por injusticia. Así que hay cierta injusticia que es parte de la total y una forma de lo injusto que está en una parte de lo injusto total, lo ilegal.

É. N. V 1129 b19-1130 a24

69
JUSTICIA DISTRIBUTIVA Y CORRECTIVA

De la justicia parcial y lo justo correspondiente a ella una especie es la de la distribución de honores o dinero o las otras cosas que se pueden repartir entre los que participan de un sistema político (pues en estas cosas cabe que uno tenga lo mismo que otro o una cantidad distinta) y otra especie es la correctiva de los intercambios, y de esta hay dos partes, pues de los intercambios unos son voluntarios y otros involuntarios; los voluntarios son cosas como la venta, la compra, el préstamo, la fianza, el usufructo, el depósito, el alquiler. Se llaman voluntarios porque el principio de estos intercambios es voluntario. Y de los involuntarios unos son encubiertos, como el robo, el adulterio, el envenenamiento, el proxenetismo, la seducción de esclavos, el asesinato, el falso testimonio, y otros violentos, como los malos tratos, el secuestro, el homicidio, el saqueo, la mutilación, la difamación, el ultraje.

É. N. V 1130 b30-1131 a9

70
LA JUSTICIA DISTRIBUTIVA

Puesto que el injusto es desigual y lo injusto es desigual, está claro también que «lo justo» es un término medio de lo desigual, y eso es lo igual. Y que en cualquier acción en que se da lo más y lo menos también cabe lo igual [...]. Y lo igual se da al menos entre dos. Es forzoso entonces que lo justo sea un término medio e igual respecto a algo y para algunos; y en el sentido en que es término medio lo es de algunas cosas (y estas son lo más y lo menos); en el sentido de que es igual, entre dos, y en el sentido en que es justo, para algunos.

Es forzoso, entonces, que haya cuatro términos para que se dé lo justo: aquellos para quienes es justo son dos, y las cosas en que se da, dos. Y habrá la misma igualdad en el para quiénes y en el en qué. La razón que guardan las cosas en que se da, es la que guardan aquellos. Pues si no son iguales, no tendrán cosas iguales; de ahí nacen las disputas y reclamaciones, cuando los iguales no tienen [parte] igual o los no iguales tienen y les corresponde igual en un reparto.

Y esto es evidente en el mérito. Pues todos están de acuerdo en que lo justo en los repartos requiere que haya algo conforme al mérito, aunque no todos llaman mérito a lo mismo, sino que los partidarios de la democracia lo remiten a la libertad, los partidarios de la oligarquía a la riqueza, otros a la nobleza y los partidarios de la aristocracia a la virtud.

É. N. V 1131 a10-29

Así que lo justo es eso, lo proporcional, y lo injusto, lo que no está en proporción, pues entonces de una cosa hay de más, y de otra, de menos, como ocurre de hecho, pues el que obra la injusticia tiene de más en el bien y el que la padece tiene de menos; y del mal, a la inversa [...]. Y esta es una especie de lo justo.

É. N. V 1131 b16-24

71
LA JUSTICIA CORRECTIVA

La que queda por considerar es la correctiva, que se da en los intercambios tanto voluntarios como involuntarios. Esta forma de lo justo es una especie distinta de la anterior [...], pues lo justo en los intercambios es algo igual, y lo injusto, desigual, pero no según la proporción aquella, sino numéricamente, pues no difiere en absoluto que el hombre de calidad defraude al vil o el vil al hombre de calidad, ni que cometa adulterio el de calidad o el vil, sino que la ley mira solo a la diferencia en cuanto al daño y trata como iguales al que obra la injusticia y al que la recibe y al que causa el perjuicio y al perjudicado, de manera que el juez intenta poner igualdad en esa injusticia que consiste en una desigualdad.

Y cuando uno es herido y otro golpea o cuando uno mata y el otro muere, el daño y la acción quedan divididos desigualmente y [el juez] mediante el castigo intenta igualarlos quitando del beneficio.

É. N. V 1131 b25-1132 a10

El término medio era lo igual, lo que decimos que es justo, de modo que la justicia correctiva sería el término medio entre la multa y el beneficio. Por eso cuando hay disputa se recurre al juez, pues ir al juez es ir a lo justo, ya que el juez quiere ser como la encarnación de lo justo.

É. N. V 1132 a17-22

De modo que lo justo es un término medio entre un beneficio y una multa en los intercambios no voluntarios, un tener igual antes y después.

É. N. V 1132 b18-20

72
JUSTICIA Y RECIPROCIDAD

A algunos les parece que la reciprocidad es justa de modo absoluto, como decían los pitagóricos, pues definían lo justo de modo absoluto como lo recíproco con algo, pero lo recíproco no coincide con la justicia distributiva ni con la correctiva, aun cuando pretenden que eso es a lo que llamaba justo Radamantis:

> *Si el hombre padeciera lo que él hizo, sería verdadera justicia*

pero muchas veces están en desacuerdo [...]. En los tratos por intercambio coincide que lo justo es eso, lo recíproco según la proporción y no según la igualdad, pues gracias a obrar en reciprocidad se mantiene unida la polis.

É. N. V 1132 b21-34

El intercambio proporcional lo produce la combinación mesurada. Sea A un constructor, B un zapatero, C una casa y D un zapato. El constructor ha de tomar la obra del zapatero y entregarle, a cambio, la suya propia. Si primero se toma lo igual en proporción, entonces se produce la reciprocidad y se dará lo dicho; pero si no, no será igual y no se mantendrá la unión, pues nada impide que el trabajo del uno sea superior al del otro.

É. N. V 1133 a5-13

73
MONEDA, NECESIDAD, DINERO

Pero es preciso igualarlos; por eso ha de ser comparable en cierta manera todo aquello de lo que hay intercambio: para eso vino la moneda, que es en cierto modo intermedia, pues lo mide todo, de manera que también medirá el exceso y el defecto, y cuántos zapatos equivalen a una casa o una comida. Así, hay que calcular que la relación del constructor al zapatero sea como la de tantos zapatos a una casa o una comida. Pues si eso no se da no hay intercambio ni sociedad; y eso no se produce si las cosas no son iguales en cierto sentido.

Y es preciso que todo se mida con un único instrumento, como se dijo antes: y ese es, en verdad, la necesidad, que lo comprende todo. Pues si no se necesitara nada o no de la misma manera, o no se produciría el intercambio o no sería el mismo: así, la moneda nació por convención, a modo de elemento de intercambio en la necesidad, y depende de nosotros cambiarla y hacerla inútil. Y cuando se produzca la igualdad habrá una proporcionalidad, de modo que la relación del campesino al zapatero sea como la obra del zapatero a la del campesino [...].

Que la necesidad los mantiene unidos, como si fuera también una entidad, lo demuestra el que cuando no hay demanda mutua —sea por ambas partes, sea por una sola— no se produce el intercambio [...]. La moneda es para nosotros como una garantía para el intercambio en el futuro, si ahora no necesitamos nada; porque habrá un momento en que lo necesitemos. Y es preciso que el que cuenta con el dinero pueda comprar, pues le ocurre lo mismo, que no siempre tiene el mismo valor; pero se pretende que tenga más permanencia. Por eso todo ha de tener su precio, pues así siempre será posible el intercambio y, con él, la sociedad.

La moneda, como una medida, iguala las cosas para hacerlas conmensurables, pues no habría sociedad si no hubiera intercambio, ni intercambio si no hubiera igualdad, ni igualdad si no hubiera conmensurabilidad.

É. N. V 1133 a18-b18

74
JUSTICIA POLÍTICA

Ya hemos dicho qué relación hay entre la reciprocidad y la justicia, pero no hemos de olvidar que lo que investigamos es tanto la justicia absoluta como la justicia política. Esta es propia de la vida en comunidad entre libres e iguales con vistas a la autosuficiencia, bien en proporción, bien en número. De manera que entre quienes no se da esto no cabe que tengan una justicia política recíproca, sino cierta forma de justicia y por semejanza [...].

Donde hay injusticia se da el obrar injustamente [...], y esto consiste en tomar para sí más de los bienes absolutos y menos de los males absolutos. Por eso no permitimos que nos gobierne una persona, sino la razón, porque el ser humano lo hace en su interés y se vuelve un tirano. El gobernante es el guardián de lo justo, y si lo es de lo justo, también de lo igual. Puesto que se considera que no obtiene de más si de verdad es justo [...], entonces se le ha de conceder una retribución, y esa consiste en los honores y la dignidad. Y a quienes eso no les basta se vuelven tiranos.

La justicia del amo y la del padre no son lo mismo que aquello, sino semejante, pues, en sentido absoluto, no cabe injusticia respecto a lo propio —lo poseído[11] y el hijo hasta que alcanza cierta edad y se emancipa— puesto que son parte de uno mismo, y nadie elige causarse un daño a sí mismo [...].

De la justicia política una es natural y otra legal: natural la que vale por igual en todas partes y no según lo que se opine o no se opine; legal, la que, en principio, nada importa que sea así o de otro modo, pero que una vez que está establecida, importa [...]. Las medidas del vino y del trigo no son iguales en todas partes [...] e igualmente, las cosas que no son justas por naturaleza, sino por acuerdo humano, no son las mismas en todas partes, puesto que tampoco lo son las formas de gobierno, si bien solo una por naturaleza es la mejor en todas partes.

É. N. V 1134 a23-1135 a5

11. Con la expresión «lo poseído» (gr. *tò ktêma*) Aristóteles se refiere a los esclavos, pues a ellos se referiría la «justicia del amo» (gr. *tò despotikòn díkaion*).

75
JUSTICIA Y VOLUNTARIEDAD

Siendo lo justo y lo injusto lo dicho, uno obra injusta o justamente cuando actúa de modo voluntario [...]. De los actos voluntarios unos los llevamos a cabo tras haber elegido, otros, sin haber elegido previamente; tras elegir, aquellos en que hemos deliberado; sin elegir, aquellos en que no hemos deliberado.

Siendo tres las clases de daños que se dan en sociedad, unos son errores con ignorancia [...]; cuando el daño se produce de modo imprevisible, es un infortunio; cuando no es imprevisible pero se actúa sin maldad, un error; cuando se hace a sabiendas pero sin haberlo deliberado, es una acción injusta: por ejemplo, lo que se hace por enfado o por otras pasiones de las que acontecen en los hombres por fuerza o por naturaleza. Causando esos daños y equivocándose obran injustamente y son acciones injustas, pero no por eso son injustos ni malvados, pues el daño no lo produjeron por maldad [...].

Pero si causó el daño por elección, delinque. Y el que delinque mediante esas injusticias es injusto cuando actúa fuera de la proporción o la igualdad. E igualmente el hombre justo lo es cuando actúa justamente tras haberlo elegido, pero actúa justamente solo si lo hace de modo voluntario.

É. N. V 1135 a15-17 y 35b8-36a5

76
NO ES FÁCIL SER JUSTO

Los hombres creen que está en su mano obrar injustamente, y por eso creen que también es fácil ser justo.

Pero no lo es. Acostarse con la mujer del vecino y golpear al prójimo y sobornar es fácil y está en su mano, pero hacer esas cosas de determinado modo ni es fácil ni está en su mano.

Igualmente, en punto a conocer lo justo y lo injusto creen que no hace falta en absoluto ser experto, porque no es difícil comprender las cosas sobre las que hablan las leyes (aunque esas cosas no son «lo justo» más que por accidente). Pero cómo obrar y cómo hacer los repartos justamente, eso es tarea mayor que saber las normas saludables: y es que también en eso es fácil conocer la miel, el vino, el eléboro, la cauterización y la incisión, pero cómo hay que dosificarlas para la salud y a quién y cuándo, eso es tarea tan vasta como ser médico.

É. N. V 1137 a4-17

77
LO EQUITATIVO

Hemos de hablar sobre la equidad y lo equitativo y qué relación guarda la equidad con la justicia y lo equitativo con lo justo [...]. Unas veces alabamos lo equitativo y al hombre de ese carácter de tal modo que al alabarlo por otros rasgos ponemos este en lugar de «bueno», haciendo ver que «más equitativo» significa «mejor». Y otras veces al razonar sobre ello nos parece absurdo que lo equitativo sea loable si es algo aparte de lo justo: o lo justo no es virtuoso, o lo equitativo no es justo, si es que es distinto. Y si ambas cosas son virtuosas, son lo mismo [...].

É. N. V 1137 a31-b5

Lo que produce la dificultad es que lo equitativo es justo, pero no según la ley, sino como rectificación de la justicia legal. La causa es que toda ley es general, pero en algunos casos no es posible hablar correctamente con valor general. Entonces, en lo que es preciso hablar de modo general pero no es posible que sea también correctamente, la ley se ocupa de lo más frecuente, aun reconociendo su yerro. Y no por eso es menos correcta, pues el yerro no está en la ley ni en el legislador, sino en la naturaleza del asunto, ya que, sencillamente, esa es la índole de los casos prácticos [...].

Entonces es correcto, donde el legislador deja algo fuera y, por hablar sencillamente, ha errado, rectificar la falta, que es lo que el legislador habría dicho si estuviera presente y lo que hubiera puesto en la ley si hubiera sabido, y por eso es justo y mejor que cierta clase de justicia —no que la justicia absoluta, sino que el yerro por ser absoluta—. Y esta es la naturaleza de lo equitativo: la rectificación de la ley en donde esta se queda corta por ser de carácter absoluto. Y esta es la causa de que no todo sea según la ley, que en algunos casos es imposible establecer una ley; de modo que se precisa un decreto. Pues para lo indeterminado la norma ha de ser indeterminada, como la regla de plomo de los constructores lesbios: la regla no es firme, sino que se adapta a la forma de la piedra, y así lo hace el decreto en los casos prácticos [...].

Con esto queda claro quién es el equitativo: el que elige y practica esto: el que no se aferra a las minucias de la ley para lo peor sino que está dispuesto a perder aun cuando tenga la ley de su lado es equitativo, y este modo de ser es la equidad, que es cierta justicia, y no otra manera de ser.

É. N. V 1137 b11-1138 a2

78
LAS VIRTUDES INTELECTUALES Y LA RECTA RAZÓN

Al distinguir las virtudes del alma decíamos que unas son morales y otras intelectuales. Hemos venido hablando de las morales, y sobre las restantes diremos lo que siga, tras referirnos primero al alma. Dijimos al principio que las partes del alma son lo racional y lo irracional. Y ahora analizaremos del mismo modo la parte racional.

Supóngase que son dos las partes racionales: una, con la que contemplamos cosas como los principios, que son de manera tal que no admiten ser de otro modo, y otra con la que contemplamos las que sí lo admiten [...]. Llamemos a una de ellas la teorética y la otra la que calcula[12] —«deliberar» y «calcular» es lo mismo y nadie delibera sobre lo que no cabe que sea de otra manera— [...]. Tres cosas hay en el alma que dominan la acción y la verdad: la percepción, el entendimiento y el deseo. De ellas, la percepción no es principio de acción alguna [...]; lo que en el entendimiento son la negación y la afirmación, eso son en el deseo el perseguirlo y el rehuirlo. De manera que, puesto que la virtud moral es una manera de ser respecto a la elección, y la elección es un deseo acompañado de voluntad, es preciso por esa razón que el razonamiento sea verdadero y el deseo correcto, si pretendemos que la elección sea buena y que la razón afirme lo mismo que el deseo persigue. Estos son la razón y la verdad prácticas.

12. Emplea aquí el término *logistikón* («que calcula») cuando en otros pasajes emplea *bouleutikón* («que delibera»), y aclara que los usa como sinónimos.

Bien y mal en la razón teorética y no práctica ni productiva son la verdad y la falsedad (pues esa es la tarea de todo discurrir), mientras que respecto a la razón práctica e intelectiva la verdad es homóloga del deseo correcto.

Así pues, el principio de la acción es la elección —en el sentido de «de donde procede» el movimiento, pero no en el del «para qué»—; y el de la elección, el deseo y la razón que busca un fin. Por eso no puede darse la elección sin discurso y entendimiento, ni sin modo de ser ético, pues la buena conducta y su contrario en la acción no son posibles sin razón y actitud moral. [...] Así que la tarea de las dos partes intelectivas es la verdad. Los modos de ser según los cuales cada una de las partes llegará a la verdad son sus virtudes.

[...] Los medios por los que el alma alcanza la verdad en el negar y afirmar son cinco en número: el arte, la ciencia, la prudencia, la sabiduría y el entendimiento, pues mediante la suposición y la opinión cabe engañarse.

É. N. VI 1138 b35-1139 b18

Puesto que la razón se ocupa de lo verdadero e investigamos qué rasgos posee lo verdadero, correspondería hablar sobre qué es cada una de estas: ciencia, prudencia, entendimiento, sabiduría, suposición.

G. É. 1196 b34-37

La suposición es aquello mediante lo cual dudamos sobre si algo es así o no lo es.

G. É. 1197 a30-31

79
LA CIENCIA

A partir de aquí quedará claro qué es la ciencia, si es preciso expresarlo con detalle y no guiarse por las semejanzas. Todos suponemos que lo que sabemos no puede ser de otra manera. Lo que puede ser de otra manera nos pasa desapercibido si es o no es cuando se produce fuera de nuestro campo de reflexión. Luego lo que puede ser objeto de la ciencia es necesario; luego es eterno, pues todo lo que es necesario de modo absoluto es eterno, y lo eterno es ingénito e incorruptible; y además, parece que toda ciencia puede ser enseñada, y que lo que es objeto de ciencia puede ser aprendido.

Toda enseñanza nace de lo conocido previamente, como decimos en los *Analíticos.* Una enseñanza procede por inducción, otra por deducción; y la inducción es el principio de lo general, mientras que la deducción parte de lo general. Luego hay unos principios de los que parte la deducción de los cuales no hay deducción: luego de ellos hay inducción. Por tanto la ciencia es un modo de ser demostrativo y con todas las otras precisiones que hicimos en los *Analíticos.*

É. N. VI 1139 b18-33

Si [saber] es como hemos propuesto, es menester también que la ciencia demostrativa parta de principios verdaderos, inmediatos, más conocidos, previos y causa de la conclusión [...]. También habrá razonamiento sin eso, pero no habrá demostración, pues no producirá ciencia.

An. Post. 78 b25-28

80
EL ARTE.
ARTE Y PRUDENCIA

A las cosas que pueden ser de otra manera pertenecen tanto lo productivo como lo relativo a la acción. Ni la acción es producción ni la producción acción (en esto damos crédito a los tratados exotéricos). De modo que el modo de ser práctico con raciocinio es distinto del modo de ser productivo con raciocinio [...]. Puesto que la construcción es un arte y una disposición productiva con raciocinio y ni hay ningún arte que no sea una disposición productiva con raciocinio, ni nada que reúna esas características deja de ser un arte, serían lo mismo un arte y una disposición productiva con raciocinio veraz. Y puesto que la producción y la acción son cosas distintas, por fuerza el arte pertenece a la producción, pero no a la acción. Y en cierto sentido el azar y el arte versan sobre lo mismo [...]. Así que, como hemos dicho, el arte es disposición productiva acompañada de raciocinio veraz, y la falta de arte lo contrario, la disposición productiva con raciocinio falso sobre lo que cabe que sea de otra manera.

É. N. VI 1140 a1-23

Mientras que sobre la acción y lo activo versa la prudencia, sobre la producción y lo producido, el arte, pues ser artista reside más en lo que se produce que en lo que se hace.

G. É. 1197 a11-12

81
LA PRUDENCIA

Parece que lo propio del hombre prudente es poder deliberar bien sobre lo bueno y conveniente para él mismo no parcialmente, como qué conviene para la salud, para la fuerza, sino qué conviene en general para vivir bien. Signo de ello es que también hablamos de los «prudentes en algún sentido» cuando razonan acertadamente con respecto a un fin valioso en alguna medida que no corresponde a un arte. De modo que, en general, sería prudente el hábil en la reflexión [...].

Como no hay demostración de aquello cuyos principios pueden ser de otra manera [...] y no cabe deliberar sobre lo que es por necesidad, la prudencia no sería ciencia ni arte; ciencia, porque lo que lleva a efecto cabe que sea de otra manera; arte, porque son géneros distintos el de la acción y el productivo. Queda, por tanto, que sea una disposición acompañada de raciocinio veraz y práctica sobre lo que es bueno y malo para el hombre.

Por eso creemos que Pericles y otros parecidos son prudentes, porque son capaces de ver lo bueno para ellos y lo bueno para los hombres. Y consideramos que tienen esa cualidad los administradores y los políticos. [...]

Así que la prudencia es una disposición práctica sobre el bien humano acompañada de raciocinio veraz. Y hay una excelencia del arte, pero no de la prudencia; y en el arte el que se equivoca voluntariamente es preferible, pero no en la prudencia, igual que en las demás virtudes. Está claro, por tanto, que la prudencia es una virtud y no un arte. Siendo dos las partes del alma que tienen raciocinio, sería la virtud propia de una de ellas, de la que forma opiniones, pues la opinión versa sobre lo que puede ser de otra manera, y la prudencia también.

É. N. VI 1140 a25-b28

82
EL ENTENDIMIENTO

Puesto que la ciencia es un juicio sobre lo general y lo que es por necesidad, y existen los principios de lo demostrable y de toda ciencia (pues la ciencia se da con raciocinio), del principio de lo científico no habría ciencia ni arte ni prudencia, pues el objeto de la ciencia es demostrable, y las otras dos versan sobre lo que puede ser de otra manera. Y la sabiduría tampoco versa sobre los principios, pues al sabio le corresponde dar demostración de algunos asuntos. Si, entonces, aquello con lo que alcanzamos la verdad y nunca nos engañamos sobre lo que puede o no puede ser de otra manera, son la ciencia y la prudencia y la sabiduría y el entendimiento, y no cabe que corresponda a tres de ellas —las tres a que me refiero son la prudencia, la ciencia y la sabiduría—, queda que sobre los principios versa el entendimiento.

É. N. 1140 b31-1141 a8

El entendimiento se ocupa de los principios de lo inteligible y lo que existe. La ciencia versa sobre lo que existe y tiene demostración, de modo que no habría ciencia de los principios, sino que sobre ellos versa el entendimiento.

G. É. 1197 a20-23

83
PRUDENCIA Y CIENCIA

La ciencia versa sobre lo científico y tiende a ello mediante la demostración y el razonamiento, mientras que la prudencia se ocupa de lo relativo a la acción, dentro de lo cual están la elección y el rechazo y lo que depende de nosotros hacer y no hacer.

G. É. 1196 b37-1197 a3

84
PRUDENCIA Y SABIDURÍA

Reconocemos la sabiduría en las artes a los más hábiles en las artes, por ejemplo, que Fidias es un experto en la escultura y Policleto en la estatuaria, sin querer significar de la sabiduría ninguna otra cosa más excepto que es la excelencia en el arte; pero creemos que hay algunos que son sabios en general y no sabios en un aspecto sí y en ningún otro, como dice Homero en el *Margites*:

> *A este no le hicieron los dioses cavador ni arador*
> *ni sabio en ninguna otra cosa.*

De modo que está claro que la sabiduría sería el conocimiento de mayor precisión. Por tanto es menester que el sabio sepa no solo lo que nace de los principios, sino también que posea la verdad sobre los principios. De modo que la sabiduría sería entendimiento y ciencia, como un saber que posee lo principal sobre lo más valioso. [...] Por eso de Tales y Anaxágoras y de otros como ellos no se dice que son prudentes, al ver que ignoran lo que les conviene, y se dice que saben muchas cosas admirables y difíciles y divinas, pero inútiles, porque no buscan los bienes humanos.

Y la prudencia versa sobre lo humano y sobre aquello en lo que cabe deliberación. Y decimos que la tarea del prudente es esta sobre todo, deliberar bien: y nadie delibera sobre lo que es imposible que sea de otra manera ni sobre lo que no tiene un fin, y este de orden práctico [...]. La prudencia tampoco versa sobre lo general, sino que ha de entender también de lo particular, pues práctica y la acción se ejercen sobre lo particular. Por eso algunos que no saben son más aptos para la acción que otros que saben, entre otros, los que tienen experiencia [...]. De modo que se han de tener ambas cosas [la sabiduría y la prudencia], o sobre todo la última; y en eso vendría a ser la que dirige.

É. N. VI 1141 a9-b23

85
PRUDENCIA, POLÍTICA Y CIENCIA

La política y la prudencia son la misma disposición, pero no tienen la misma esencia, sino que de la relativa a la polis, la una, por ser directiva, es la prudencia legislativa, mientras que la otra, por referirse a los asuntos particulares, tiene el nombre común de «política», y esta es práctica y deliberativa [...]. Por otro lado, parece que la que atiende a lo de uno mismo y a lo del individuo es la prudencia, [...] mientras que las que atienden aquello son la economía, la actividad legislativa y la política, y de esta un aspecto es deliberativo y otro judicial [...].

Que la prudencia no es ciencia está claro, ya que se ocupa de lo más particular, como se ha dicho, pues lo relativo a la acción tiene ese carácter. Se opone al entendimiento, pues el uno, el entendimiento, se refiere a las definiciones, de las que no hay razonamiento, mientras que la otra, la prudencia, a lo más particular, de lo que no hay ciencia, sino percepción.

É. N. VI 1141 b24-1142 a27

86
LA DELIBERACIÓN

Investigar y deliberar es diferente, pues deliberar es una forma de investigar. Además, sobre la deliberación acertada hemos de comprender qué es, si una forma de ciencia o de opinión, o sagacidad o si es de algún otro género.

Desde luego no es ciencia, pues no se investiga lo que se sabe, y la deliberación acertada es una forma de deliberación, y el que delibera investiga y razona; y tampoco es sagacidad, pues esta actúa rápidamente y sin razonamiento, mientras que se delibera durante largo tiempo —dicen que hay que llevar pronto a cabo lo deliberado, pero deliberar despacio—; y la listeza es distinta de la deliberación acertada. Y ninguna deliberación acertada es tampoco opinión.

Por el contrario, puesto que el que delibera mal se equivoca y el que delibera bien lo hace rectamente, la deliberación acertada es una forma de rectitud, no de ciencia ni de opinión, pues lo propio de la ciencia no son el acierto ni el error, y la corrección en la opinión es la veracidad [...]. Pero sin razonamiento no hay deliberación acertada. Luego queda el pensamiento, pues este no es aún un aserto, mientras que la opinión no es una investigación, sino ya un aserto [...]. Así que la deliberación acertada es una forma de rectitud de la deliberación.

É. N. VI 1142 a31-b16

Así que en efecto, si es propio de los prudentes deliberar bien, la deliberación acertada sería la corrección respecto a lo conveniente para el fin, cuyo concepto verdadero aporta la prudencia.

É. N. VI 1142 b31-33

87
LA INTELIGENCIA Y LA PERSPICACIA

También están la inteligencia y la perspicacia, de acuerdo con las cuales llamamos a algunos inteligentes y perspicaces, que no son en absoluto lo mismo que la ciencia o la opinión (pues entonces todos serían inteligentes), ni tampoco una de las ciencias particulares, como la medicina respecto a lo saludable o la geometría respecto a las magnitudes, pues la inteligencia no versa sobre lo que existe siempre y es inmóvil, ni sobre lo que se produce de un modo u otro, sino sobre lo que uno no comprendería y se pondría a deliberar. Por eso versa sobre las mismas cosas que la prudencia, pero inteligencia y prudencia no son lo mismo, pues la prudencia concierne al arte de mandar: su fin es qué hay que hacer o no hacer, mientras que la inteligencia solo es crítica. Inteligencia y perspicacia e inteligentes y perspicaces son lo mismo. Y la inteligencia no consiste ni en tener prudencia ni en comprender, sino que igual que a aprender se le llama entender cuando se usa la ciencia, así, cuando se usa la opinión para juzgar aquello sobre lo que versa la prudencia cuando habla otro, y juzgar bien, [lo llamamos inteligencia].

É. N. VI 1142 b34-1143 a15

Se llama inteligente en algún sentido al que es capaz de deliberar y [su capacidad] reside en juzgar y ver correctamente; su juicio versa sobre lo de poca monta; por tanto la inteligencia y el inteligente son parte de la prudencia y el prudente, y aquello no se da sin esto.

G. É. 1197 b13-16

88
LA COMPRENSIÓN

La llamada comprensión [...] es el recto juicio de lo equitativo. Signo de ello es que muchas veces decimos que el equitativo es comprensivo, y que el tener comprensión en algunas cosas es equidad. El perdón es la comprensión crítica correcta de lo equitativo [...].

Todos estos modos de ser convergen lógicamente en lo mismo. Hablamos de comprensión, inteligencia, prudencia y entendimiento atribuyendo a las mismas personas ser prudentes e inteligentes, pues todas estas capacidades [comprensión, inteligencia, prudencia y entendimiento e intuición] versan sobre los extremos y lo particular, y el ser prudente, inteligente e indulgente consiste en saber juzgar en la materia propia del prudente.

É. N. VI 1143 a19-31

89
ENTENDIMIENTO E INTUICIÓN

Y entendimiento e intuición versan sobre ambos extremos, pues tanto de los límites primeros como de los últimos se ocupan el entendimiento y la intuición y no el raciocinio; y el primero versa sobre las demostraciones de los límites inmóviles y primeros, mientras que la segunda se ocupa de las cosas prácticas: del extremo y lo contingente y la segunda premisa. Estos son, en efecto, los principios del «para qué», pues lo general resulta de lo particular. Y es preciso que de estas cosas haya percepción, y esta es la intuición [...].

Queda dicho qué son la prudencia y la sabiduría y sobre qué versa cada una y que cada una de ellas es la virtud de una parte del alma.

É. N. VI 1143 a35-b5 y 1143 b14-17

90
¿PARA QUÉ LA JUSTICIA Y LA PRUDENCIA?

De esas virtudes no sabría uno decir en qué sentido son útiles [...]. Digamos en primer lugar que son necesariamente elegibles por sí mismas, al ser cada una de ellas virtud de una parte «del alma», aun cuando no produzcan nada ninguna de las dos.

Después, sí producen algo: no como la medicina produce la salud, sino igual que la salud: así produce felicidad la sabiduría, pues siendo una parte de la virtud total, el tenerla hace feliz al hombre que la emplea.

Además, el hombre lleva a término su obra de acuerdo con la prudencia y la virtud ética: la virtud propone el objetivo correcto, y la prudencia los medios para alcanzarlo.

É. N. VI 1143 b18 y 1144 a1-9

91
PRUDENCIA Y DESTREZA

La virtud produce la elección correcta, pero cuanto se hace naturalmente con ella como fin no es objeto de la virtud, sino de otra facultad. Y quienes saben han de hablar con más claridad sobre ello: hay una facultad que se llama destreza. Esta tiene por característica ser capaz de llevar a cabo y lograr lo que tiende al objetivo propuesto. Por tanto, si el objetivo es bueno, es loable; pero si es indigno, son mañas. Por eso a los sensatos los llamamos también diestros y mañosos. La prudencia no es la facultad, pero no puede darse sin esa facultad [...].

A partir de lo dicho queda claro que no es posible ser plenamente bueno sin prudencia ni prudente sin la virtud moral.

É. N. VI 1144 a20-29 y b30-32

92
MALDAD, INCONTINENCIA, BESTIALIDAD

Después de esto hemos de hablar, partiendo de otro principio, de que hay tres tipos de rasgos de carácter que se han de evitar: la maldad, la incontinencia y la bestialidad. Los contrarios de dos de ellas están claros: al uno lo llamamos virtud y al otro continencia. Frente a la bestialidad lo más adecuado sería hablar de una virtud por encima de nosotros, heroica y divina, como hizo

Homero decir a Príamo sobre Héctor, que era sumamente bueno:

y no parecía ser hijo de un hombre mortal, sino de un dios.

Dado que es raro el hombre «divino», como *zuelen llamarlo loz laconioz,*[13] que cuando admiran mucho a alguien le llaman «hombre divino», así también es raro entre los hombres el bestial; se da mucho entre los bárbaros y también ocurre a veces por enfermedades y mutilaciones, y se da ese nombre ignominioso a quienes exceden lo humano en maldad.

De esta disposición haremos mención más adelante; sobre la maldad se ha hablado antes, y vamos a hablar sobre la incontinencia, la blandura y la molicie, así como sobre la continencia y la perseverancia. Pues ni se ha de suponer que cada una de estas tiene que ver con los mismos modos de ser que la virtud y el vicio, ni que son de otro género.

É. N. VII 1145 a15-b2

93
EL MÉTODO

Como en las otras materias, tras recoger las evidencias y plantearnos primero las dificultades, debemos mostrar así lo mejor posible todas las opiniones comunes respecto a estas afecciones y, si no, el mayor número

13. Los laconios seseaban (pronunciaban *th* como *s*) y Aristóteles usa la forma dialectal, que produce un efecto doblemente cómico por la imitación del «defecto» laconio y por el nuevo sentido que toma la expresión, con ecos homéricos y significado banal. Esta caracterización cómica de los laconios aparece frecuentemente en las comedias de Aristófanes.

posible de las principales. Y si se resuelven las dificultades y se mantienen las opiniones comunes, habría sido suficiente demostración.

É. N. VII 1145 b2-7

94
CONTINENCIA, INCONTINENCIA, PERSEVERANCIA, BLANDURA

Se opina que la continencia y la perseverancia se cuentan entre las cosas buenas y loables, mientras que la incontinencia y la blandura entre las malas y reprochables y que la misma persona es continente y atiende al raciocinio mientras que el incontinente se aparta del raciocinio, y que el incontinente es sabedor de que obra el mal por pasión, mientras que el continente, sabedor de que los deseos son malos, por raciocinio no los sigue [...]. Y además se dice que los incontinentes lo son por arrebato, por honores y por lucro.

É. N. VII 1145 b8-20

¿Es lo mismo la continencia que la perseverancia? ¿O no? La continencia versa sobre los placeres y el continente domina los placeres, mientras que la perseverancia versa sobre los dolores. El que persevera y resiste los dolores, ese es perseverante.

Y a la vez, la incontinencia y la blandura no son lo mismo, pues la blandura consiste y el blando es el que no resiste los trabajos, pero no todos, sino los que otro resistiría necesariamente, mientras que es incontinente el que es incapaz de resistirse a los placeres, sino que, al contrario, se ablanda y es guiado por ellos.

G. É. 1202 b29-37

... hablemos sobre la continencia y la incontinencia. E igual que la virtud y la maldad son ellas mismas insólitas, así también, necesariamente, los razonamientos que digamos en torno a ellas serán del mismo modo, insólitos, pues esta virtud no es semejante a las otras, ya que en las otras la razón y las pasiones impulsan hacia las mismas cosas, mientras que en esta, la razón y las pasiones se enfrentan mutuamente.

G. É. 1200 a36-b4

95
REFUTACIÓN DE SÓCRATES

Cabría la duda de en qué sentido es incontinente alguien que juzga rectamente.

Algunos dicen que no es posible obrar así a sabiendas, pues sería terrible, según creía Sócrates, que poseyendo el saber, otra cosa lo domine y lo arrastre de acá para allá como a un esclavo. Sócrates se oponía plenamente a ese pensamiento, en la idea de que no existía la incontinencia, pues suponía que nadie actúa con idea de ir contra lo mejor, salvo por ignorancia.

Pero este razonamiento va manifiestamente contra lo evidente; pues si esta afección se da por ignorancia, es preciso investigar sobre qué clase de ignorancia es, ya que el que se comporta con incontinencia cree sin duda que no debe hacerlo antes de experimentar esa pasión.

É. N. VII 1145 b21-31

96
LA INCONTINENCIA

Existen hombres incontinentes que a pesar de saber ellos mismos que algo es malo, lo llevan a efecto de todos modos.

G. É. 1200 b31-32

En primer lugar se ha de investigar si «los incontinentes» actúan a sabiendas o no, y en qué sentido a sabiendas. Luego, con qué se ha de poner en relación al incontinente y al continente —me refiero a si con todo género de placeres y dolores o con algunos determinados— y si el continente y el perseverante son el mismo o no, y lo mismo respecto a las cuestiones emparentadas con esta investigación. Y el principio de la investigación es si el continente y el incontinente presentan diferencia por el «respecto a qué lo son» o por el «cómo son» [...]. Luego, si la continencia y la incontinencia se refieren a todo o no [...].

Puesto que decimos «saber» en dos sentidos —se dice que «sabe» el que teniendo el saber lo usa y el que no lo usa—, será distinto que quien lo tiene atienda o no atienda a lo que se debe hacer: aquello parece atroz, pero no si actuó sin atender «al saber» [...]. Y en el tener «el saber» y no usarlo vemos que hay distintas disposiciones, de modo que incluso cabe «tenerlo en cierto modo y no tenerlo», como les ocurre al que duerme y al enloquecido y al ebrio. Y sin duda esa es la disposición de quienes tienen estas pasiones, pues los arrebatos y los deseos sexuales y algunas cosas de esas alteran manifiestamente el cuerpo y a algunos, incluso, les producen locura. Y está claro que hay que decir que los incontinentes están en una disposición semejante a esa.

Además, uno podría considerar la causa desde el punto de vista natural: una opinión se refiere a lo general; otra a lo particular, de lo que es dueña la percepción. Cuando a partir de ellas se produce una sola, por fuerza el alma de inmediato afirma la conclusión y, al punto, actúa en el sentido productivo. Por ejemplo: hay que degustar todo lo dulce; y esto, como objeto particular, es dulce; necesariamente el que no tiene impedimentos actúa de inmediato.

Pero cuando se dan la opinión general que impide degustarlo y, por otro lado, la de que todo lo dulce es grato; y [ocurre que] esto de aquí es dulce —esto es lo que produce la acción—, y por azar existe el deseo, «la opinión» dice que el deseo hay que rehuirlo; pero el deseo conduce a ello, pues puede mover cada una de las partes. Entonces ocurre en cierto modo que se es incontinente por el razonamiento y la opinión —no porque sea contraria al razonamiento correcto por sí misma, sino por accidente—, pues el deseo es el contrario, aunque no la opinión. Así que por eso no son incontinentes las fieras, porque no tienen concepto de lo general, sino representación y recuerdo de lo particular.

É. N. VII 1146 b8-1147 b5

Cabe que el incontinente posea el saber en general de que determinadas cosas son malas y perjudiciales, pero que no sepa que «esto en particular» es malo, de manera que errará aun teniendo el saber, pues tiene el saber en general, pero no el particular. Entonces, tampoco es absurdo que ocurra así en el caso del incontinente, que haga algo malo quien tiene el saber; pues es como en el caso de los borrachos [...]: no les falta el raciocinio ni el saber, pero estaban dominados por la borrachera, y cuando se les pasa la borrachera son de nuevo los mismos. Lo mismo el incontinente: cuando la pasión se adueña de él, hace que le falte el raciocinio, y cuando se le pasa la pasión, como la borrachera, de nuevo es el mismo.

G. É. 1201 b35-1202 a7

97
CONTINENCIA Y PLACER

De los que se exceden en los goces corporales por los que damos los nombres de moderado y licencioso, el que sin haber elegido persigue los excesos en los placeres y rehúye lo doloroso —el hambre, la sed y el calor y el frío y todo cuanto corresponde al tacto y al gusto— pero no por elección, sino dejando a un lado la elección y el razonamiento, se le llama incontinente, y no con un añadido, como «en tal cosa», sino de modo absoluto. [...] Por eso ponemos juntos al incontinente y al licencioso y al continente y al moderado, pero no a ninguno de los anteriores, porque lo son en cierto modo respecto a los mismos placeres y dolores. Estos lo son respecto a las mismas cosas, pero no del mismo modo, sino que unos lo eligen mientras que otros no lo eligen.

É. N. VII 1148 a4-17

98
CLASES DE INCONTINENCIA

Hay que decir a continuación si el incontinente lo es de modo absoluto o todos lo son en parte y, si lo es, en cuanto a qué.

Está claro que los continentes y perseverantes y los incontinentes y blandos lo son respecto a los placeres y dolores. Puesto que de las cosas que producen placer unas son necesarias y otras elegibles por sí mismas pero susceptibles de exceso: necesarias son las corporales (llamo así a las relativas al alimento y a las relaciones sexuales, y dentro de las corporales, era en esas cosas donde poníamos la incontinencia y la moderación); las otras no son necesarias, sino elegibles por sí mismas (me refiero a la victoria, la honra, la riqueza y otras semejantes de las buenas y placenteras); a los que se exceden en estas fuera de la recta razón no los llamamos incontinentes de modo absoluto, sino que añadimos a incontinentes lo de «con el dinero» y «con el lucro» y «con la honra» y «en el arrebato»; pero no de modo absoluto, sino por semejanza, como el Hombre que ganó en Olimpia.

É. N. VII 1147 b20-35

99
CLASES DE PLACERES

De los apetitos y placeres unos pertenecen por su género a los hermosos y buenos, pues algunos de los placeres son elegibles por naturaleza; otros son contrarios a estos, y otros, intermedios, según distinguimos al principio, como el dinero y el lucro, la victoria y la honra. Por todo lo de aquella clase y lo intermedio no se reprocha el apasionarse y el desearlo y quererlo, sino el hacerlo de cierto modo y excederse.

É. N. VII 1148 a22-28

100
CAUSAS DEL PLACER

Puesto que hay cosas que son placeres por naturaleza —y de estas, algunas de modo absoluto y otras, según los géneros tanto de animales como de seres humanos— y otras que no lo son, pero se dan —unas por mutilaciones, otras por hábito, otras por naturalezas malvadas—, también cabe ver respecto a cada una de estas causas los modos de ser afines. Me refiero a los bestiales, como el de la individua de la que cuentan que abría a las embarazadas y devoraba los fetos o cosas con las que cuentan que se deleitan algunos salvajes del Ponto —unos con la carne cruda y otros con la carne humana—, otros que se prestan unos a otros los niños para el banquete, o lo que se cuenta de Fálaris. Estas formas de ser son bestiales, pero otras se producen por enfermedades (y en algunos, por locura, como el que hizo ofrenda de su madre y se la comió, o el esclavo que se comió el hígado de un compañero), y otras son enfermizas o proceden del hábito, como arrancarse el pelo y comerse las uñas o comer carbón y tierra y, además de estas, el placer sexual entre varones: a unos les ocurre por naturaleza y a otros por hábito, como a los que han sufrido esos abusos desde niños; pero para otros la causa es la naturaleza, y a esos nadie los llamaría nunca incontinentes, igual que no se lo llaman a las mujeres por no ser activas sino pasivas.

Tener estas disposiciones más allá de ciertos límites es propio de la maldad, igual que la bestialidad; pero que quien las tiene las domine o sea dominado por ellas no es incontinencia absoluta, sino por analogía, igual que no hemos de llamar incontinente por sus arrebatos a quien tiene esa forma de pasión. Toda clase de insensatez, cobardía, licenciosidad y cólera excesiva son modos de ser, bestiales unos y enfermizos otros [...].

Y es evidente que la incontinencia y la continencia tienen que ver solo con lo que la licenciosidad y la sensatez, y que respecto a lo demás hay otra especie de incontinencia, así llamada traslaticiamente y no de modo absoluto.

É. N. VII 1148 b15-1149 a24

101
INCONTINENCIA Y ARREBATO

Observemos que la incontinencia del arrebato es menos vergonzosa que la de los deseos, pues parece que el arrebato escucha algo a la razón, aunque la desoiga, como los sirvientes rápidos, que antes de oír todo lo que se les dice echan a correr y entonces se equivocan en lo que se les mandó, y los perros que antes de ver si es amigo, solo con que haya un ruido, ladran. Así el arrebato, por el acaloramiento y la precipitación, tras haber oído, pero sin haber oído la orden, se lanza a la venganza, porque el razonamiento y la imaginación le han mostrado que había una ofensa o un desprecio, y el arrebato, como quien ha colegido que hay que luchar contra ello, inmediatamente se encoleriza; y el deseo, solo con que le digan la razón o la percepción que algo es placentero, se lanza al goce. De modo que el arrebato sigue algo al raciocinio, pero el deseo no, luego es más vergonzoso. Y es que el incontinente en el arrebato resulta en cierto modo vencido por la razón, mientras que el otro por el deseo, y no por la razón.

Además, la comprensión acompaña más a las tendencias naturales, sobre todo en los deseos que son comunes a todos, en la medida en que son comunes. Y el arrebato y el enfado son más naturales que los deseos excesivos y no necesarios [...]. Son más injustos aún los más insidiosos. Pero ni el encolerizado ni el arrebato son insidiosos, sino evidentes. Mientras que el deseo, como dicen de Afrodita,

> *es de estirpe cipria, urdidora de engaños*

y, como dice Homero de su ceñidor bordado, que oculta

> *palabras seductoras que robaron el sentido aun a hombres de firme prudencia.* (*Il.* XIV 214)

De modo que si es más injusta y más bochornosa esta incontinencia que la de la ira, es que es también incontinencia en sentido absoluto y, en cierto modo, maldad.

Queda claro entonces que la incontinencia de los deseos es más bochornosa que la del arrebato, y que la continencia y la incontinencia están en relación con los deseos y placeres corporales.

É. N. VII 1149 a24-b28

102
INCONTINENCIA, ARREPENTIMIENTO Y VICIO

El licencioso, como dijimos, no es propenso al arrepentimiento, pues persevera en su elección, mientras que cualquier incontinente tiende a arrepentirse [...]. El primero es incurable y el otro tiene curación, pues la perversidad se parece a enfermedades como la hidropesía y la tisis, mientras que la incontinencia se parece a la epilepsia, pues lo uno es una maldad continua y lo otro no. Y la incontinencia y el vicio son de géneros distintos, pues el vicio pasa desapercibido y la incontinencia no.

De los incontinentes son mejores los que actúan fuera de sí que los que poseen el raciocinio pero no se atienen a él, pues son vencidos por una pasión menor y no actúan sin premeditación como los otros. El incontinente se parece a los que se emborrachan pronto y con menos vino que la mayoría.

É. N. VII 1150 b30-1151 a5

103
CONTINENCIA Y FIRMEZA DE OPINIÓN

Hay algunos que tienden a mantenerse en su opinión, a los que llaman testarudos, que son personas difíciles de persuadir y a las que no se hace cambiar de opinión fácilmente. Estos tienen algo en común con el hombre continente, como el pródigo con el liberal y el temerario con el valeroso, pero son distintos en muchos aspectos.

El continente no cambia de opinión por pasión o por deseo, pues a veces será fácil de convencer. Los otros no se dejan persuadir por la razón, pues se aferran a los deseos, y muchos se dejan guiar por los placeres. Son testarudos los de opinión propia y los incultos y los palurdos; los de opiniones propias, por obra del placer y el dolor se deleitan al vencer si no se les ha hecho cambiar de opinión y se disgustan si sus opiniones no se acatan como decretos. De modo que se parecen más al incontinente que al continente.

Hay algunos que no se mantienen en sus pareceres, pero no por incontinencia, como Neoptólemo en el *Fi-*

loctetes de Sófocles: no se mantuvo en su opinión por placer, pero por uno noble: para él era noble decir la verdad, pero Ulises le había convencido de que mintiera; pero no es licencioso ni vil ni incontinente todo el que actúa por placer, sino el que lo hace por uno innoble.

É. N. VII 1151 b4-22

104
EL PLACER

Se está de acuerdo en que el dolor es un mal y en que hay que rehuirlo: o es un mal en sentido absoluto o es de algún modo un estorbo. Y lo contrario de lo que hay que rehuir, en tanto que hay que rehuirlo y es un mal, es un bien. Luego necesariamente el placer es un bien [...].

Nada impide que lo mejor sea un placer aunque algunos placeres sean viles, igual que el que lo sea una ciencia, aunque algunas ciencias sean viles. Tal vez incluso es necesario que, si a cada modo de ser corresponden actividades libres de trabas, tanto si la felicidad es la actividad de todas ellas como si es la de alguna de ellas, si fuera libre de trabas, [el placer] sea lo más digno de elección. De modo que lo mejor sería algún placer, quizá de modo absoluto, aunque la mayoría de los placeres sean viles. Por eso todos consideran que la vida feliz es placentera, y enlazan con razón el placer con la felicidad. Pues ninguna actividad perfecta sufre impedimentos, y la felicidad está entre las perfectas.

Por eso el hombre feliz necesita por añadidura los bienes corporales y los externos y los de la fortuna para no verse obstaculizado por ellos [...]. Por necesitar por añadidura de la fortuna les parece a algunos que la buena suerte es lo mismo que la felicidad, cuando no lo es, puesto que si esta se da en exceso incluso es un estorbo y tal vez ya no es justo llamarla buena suerte, pues su límite está en la felicidad [...].

Está claro que si el placer y la actividad no son un bien, no será posible que el hombre feliz viva placenteramente. ¿Para qué iba a necesitar el placer, si no es un bien, sino que también es posible vivir en el dolor? Porque el dolor no es un mal ni un bien, si no lo es el placer. Así que, ¿por qué iba a rehuirlo? Ni tampoco sería más grata la vida del hombre bueno si no lo son también sus actividades.

É. N. VII 1153 b1-1154 a7

105
EL PLACER Y LA CONDICIÓN HUMANA

No siempre es placentero lo mismo, porque nuestra naturaleza no es simple, sino que también hay en nosotros algo de otra índole, en tanto que corruptibles, de modo que cuando se hace lo uno, a nuestra otra naturaleza eso le resulta antinatural, y cuando es equilibrado, entonces nos parece que el hecho no es ni doloroso ni placentero, puesto que si la naturaleza de algo fuera sencilla, la misma actividad sería siempre la más placentera.

É. N. VII 1154 b20-25

106
ELOGIO DE LA AMISTAD

Después de esto seguiría hablar sobre la amistad, pues es una virtud o va acompañada de virtud y además es lo más necesario para la vida. Nadie elegiría vivir sin amigos aunque tuviera todos los demás bienes, pues parece que quienes más necesidad tienen de amigos son los ricos y los que han conseguido cargos y poderío, pues ¿qué provecho resulta de tal prosperidad si se le quita la posibilidad de beneficiar a los amigos, que es lo que más vale y lo más loable para con ellos? ¿O cómo podría uno mantener esa prosperidad guardada y a salvo sin amigos? Pues cuanto mayor es, tanto más en riesgo está. Y en la pobreza y las demás desdichas se cree que el único refugio son los amigos: para los jóvenes por evitar el error y para los ancianos por los cuidados y la demás ayuda que necesitan en sus actividades por causa de su debilidad, y para los que están en la plenitud de la edad, para llevar a cabo acciones nobles:

Dos que juntos avanzan (*Il.* X 224)

porque así son más capaces de pensar y actuar.

Y parece que se da por naturaleza del que engendra para con el engendrado y del engendrado hacia el que lo engendró, no solo entre los seres humanos, sino también entre las aves y la mayor parte de los animales y mutuamente entre los que son de la misma raza y, sobre todo, entre los seres humanos; de ahí que alabemos al que siente afecto por la condición humana. Y también cuando anda uno perdido podría ver cómo cualquier hombre es familiar y amigo para el hombre.

Y parece también que es la amistad la que mantiene unidas las ciudades, y que los legisladores se afanan más por ella que por la justicia, pues parece que la concordia es algo semejante a la amistad y eso es lo que desean en grado sumo, y que lo que antes expulsan son las luchas civiles, que son una forma de enemistad.

Además, siendo amigos no se necesita justicia en absoluto, mientras que siendo justos se necesita además la amistad, y parece que es propio de los justos el mayor sentido de la amistad, y no solo es necesaria, sino también hermosa, pues alabamos a los que aprecian a sus amigos, y tener muchos amigos parece que es cosa que se cuenta entre los bienes, y se considera que los hombres buenos y los amistosos son los mismos.

É. N. VIII 1155 a3-31

107
CONDICIONES DE LA AMISTAD

Lo relativo a las clases de amistad sería quizá evidente una vez conocido lo amable. Pues parece que no se ama cualquier cosa, sino lo amable, y esto es o bueno o placentero o útil.

Parecería que útil es aquello gracias a lo cual surge algún bien o un placer, de modo que lo bueno y lo placentero serían amables como fines. Ahora bien: ¿se ama lo bueno o lo bueno para uno mismo? Pues estas cosas a veces están en desacuerdo. Y lo mismo sucede con lo placentero. Parece que cada uno ama su propio bien y que lo bueno es amable en sentido absoluto [...]. Siendo tres las razones por las que se ama, no se llama amistad al amor por lo inanimado, pues no hay afecto recíproco ni se desea el bien para el objeto (quizá sería ridículo querer lo bueno para el vino; en todo caso, quiere uno conservarlo en buen estado para tenerlo) [...].

Dicen que es preciso querer lo bueno para el amigo por él mismo; a los que desean los bienes de esa manera se les llama benévolos si no obtienen lo mismo del otro, pues cuando la benevolencia es mutua, es amistad. ¿O se ha de añadir «y que no pase desapercibida»? Pues muchos son benévolos con algunos a los que no ven, pero de quienes sospechan que serían buenos o útiles y que alguno de esos podría albergar el mismo sentimiento hacia él. Estos es evidente que se tienen buena voluntad mutua. Pero ¿cómo va uno a llamarlos amigos si les pasa desapercibida la disposición que se tienen?

Por tanto, [los amigos] han de sentir benevolencia y desearse lo bueno mutuamente sin que les pase desapercibido por una de las razones indicadas.

É. N. VIII 1155 b17-1156 a5

108
ESPECIES DE LA AMISTAD: LOS AMIGOS POR INTERÉS Y LOS AMIGOS POR PLACER

Hay tres especies de amistad, el mismo número que de cosas amables. En cada una hay un afecto en correspondencia que no pasa desapercibido, y los que son amigos se desean mutuamente los bienes correspondientes a lo que produjo su amistad.

Así, los que son amigos por interés no son amigos por sí mismos, sino en tanto que obtienen un bien el uno del otro. Y lo mismo los que son amigos por el placer, pues no aman a los ingeniosos por ser, en algún sentido, de cierta cualidad, sino porque les son agradables [...]. Estas amistades lo son por accidente, pues no se quiere al amigo en razón de que es quien es, sino en razón de que proporcionan unos un bien y otros un placer, y tales amistades se deshacen fácilmente si no siguen siendo iguales, pues si ya no se resultan placenteros o útiles, dejan de ser amigos.

Y la utilidad no permanece, porque unas veces es una, y otras otra [...]. Esta amistad parece darse especialmente entre los ancianos (porque ellos no persiguen el placer, sino la utilidad) [...]; estos ni siquiera tienen mucha convivencia y algunas veces ni siquiera se son gratos: tampoco necesitan tanto trato si no se son de utilidad [...]. Entre estas amistades ponen la relación de hospitalidad.[14]

La amistad entre jóvenes, sin embargo, parece que se da en razón del placer. Estos viven según la pasión y persiguen, sobre todo, lo que les es placentero y lo presente; al cambiar la edad, también cambian los gustos: por eso rápidamente se hacen amigos y dejan de serlo.

É. N. VIII 1156 a6-35

109
LA AMISTAD PERFECTA

La amistad perfecta es la de los buenos e iguales en virtud, pues estos quieren por igual los unos para los

14. A falta de normas comunes de derecho internacional, la institución griega de la hospitalidad (*proxenía*) proveía de ciertas garantías al ciudadano particular cuando se encontraba en una ciudad extranjera: si contaba con un huésped (*xénos*), este le ofrecía su protección personal ante las instituciones además de proveerle de alojamiento (en época clásica aún no había posadas, que sí encontramos en el Imperio romano); la relación de hospitalidad se transmitía de padres a hijos, y era costumbre, además, que quien recibía a un huésped en su casa lo despidiera con regalos acordes con su posición (véanse textos 54 y 55 sobre la esplendidez).

Desde principios del siglo V empiezan a aparecer *próxenoi* de las ciudades: ciudadanos que, en su propia patria, se ocupaban de los extranjeros o de los naturales de otras ciudades-estado. Estos *próxenoi* eran a veces elegidos por la ciudad receptora, y otras veces eran las ciudades interesadas las que designaban a sus *próxenoi*, y a cambio de sus servicios, presentes o futuros, les ofrecían honores o privilegios.

otros los bienes por ser ellos buenos, y son buenos de por sí. Y los que quieren los bienes para los amigos por los propios amigos son los más amigos, pues tienen esa disposición de por sí, y no por azar.

En consecuencia, su amistad se mantiene mientras son virtuosos; y la virtud es cosa permanente [...]. Lógicamente, tal amistad se conserva, pues en ella se da junto todo lo que deben tener los amigos, ya que toda amistad se da o por un bien o por el placer —de modo absoluto o en relación al que experimenta la amistad— y por cierta semejanza. Y por la índole de los amigos en esta se da todo lo expresado. Y en estos casos se da en el más alto grado el ser amigos y la amistad, pero es natural que estas amistades sean raras, pues son pocos los de estas características y, además, se requiere tiempo y trato, pues según el refrán «No es posible conocerse antes de haber gastado juntos la sal» [...]. Los que rápidamente se dan muestras mutuas de amistad quieren ser amigos, pero no lo son [...], pues la voluntad de amistad surge rápidamente, pero la amistad no.

É. N. VIII 1156 b6-32

Y la amistad entre los buenos es la única que no admite la calumnia, pues no es fácil que se dé crédito a nadie respecto a una persona a la que uno ha puesto a prueba mucho tiempo. Entre estos amigos se considera valioso el tener confianza y el no ofender nunca al otro y todo lo demás que se da en la verdadera amistad, pero en las otras clases de amistad nada impide que se dé aquello.

É. N. 1157 a20-25

Dividida la amistad en estas especies, los malos serán amigos por el placer o por el interés, ya que en eso son iguales, y los buenos serán amigos de por sí, en tanto que son buenos.

É. N. VIII 1157 b1-3

110
AMISTAD Y CONVIVENCIA

Las distancias no diluyen la amistad de modo absoluto, pero sí su ejercicio. Y si la separación se hace larga, parece que también produce el olvido de la amistad; de ahí que se diga

La falta de trato destruyó muchas amistades.

[…] Los que se aceptan mutuamente pero no conviven se parecen más a los benévolos que a los amigos, pues nada es tan propio de los amigos como la convivencia (los que tienen necesidades desean asistencia y los afortunados, pasar el tiempo juntos, y a estos es a quienes menos les conviene estar solitarios). Pero no es posible pasar el tiempo juntos si no son agradables los unos para los otros ni lo pasan bien con las mismas cosas, que es lo que parece tener la camaradería.

É. N. VIII 1157 b10-24

111
ALGUNOS LÍMITES DE LA AMISTAD

Entre los de carácter áspero y los ancianos se da menos la amistad en tanto que son de temperamento más difícil y se deleitan menos con el trato, pues parece que eso es lo más propio de la amistad y lo que produce más amistades. Por eso los jóvenes se hacen pronto amigos y los ancianos no, ya que no se hacen amigos los que no se agradan unos a otros e, igualmente, tampoco los de carácter áspero.

Por el contrario, los amigos son benévolos el uno con el otro, pues se desean los bienes y salen en ayuda del otro en las necesidades. Pero no son amigos si no pasan tiempo juntos ni lo pasan bien juntos, que es lo que parece más propio de la amistad.

Ser amigo de muchos según la amistad perfecta no cabe, igual que tampoco estar enamorado de muchos [...]. No es fácil que muchos le agraden mucho a la misma persona y quizá tampoco que sean buenos para él; por otro lado, al otro hay que ponerlo a prueba y acostumbrarse a él, que es lo más difícil de todo.

Pero sí cabe gustar a muchos por el interés y por el placer, pues muchos tienen esas características, y los favores se hacen en poco tiempo. De estas, se parece más a la amistad la del placer, cuando los dos aportan lo mismo y se agradan mutuamente o con las mismas cosas, como suelen ser las amistades de los jóvenes, pues en estas se da más lo liberal, mientras que la amistad por interés es propia de los comerciantes. Y los afortunados no tienen necesidad de lo útil, pero sí de lo agradable: quieren tener mucho trato con algunos, pero soportan poco tiempo lo penoso [...], por eso buscan amigos placenteros.

É. N. VIII 1158 a1-26

Los tipos de amistad indicados se dan en la igualdad, cuando ambos aportan lo mismo y quieren lo mismo el uno para el otro o intercambian algunas cosas, por ejemplo, placer por beneficio.

É. N. VIII 1158 b1-3

112
AMISTAD Y PODER

Los que tienen poder es evidente que tienen amigos de diferentes clases, pues unos les son útiles y otros placenteros, si bien no se da mucho que unos y otros sean los mismos, pues no buscan amigos placenteros con virtud ni amigos útiles para lo bueno, sino que desean que los primeros sean ingeniosos para el placer y los otros expertos en hacer lo que se les manda, pero esto no suele darse en el mismo individuo, que agradable y útil a la vez se dice del hombre de bien, pero este no se hace amigo de quien es superior a él salvo que le supere también en virtud.

É. N. VIII 1158 a27-35

113
AMISTAD EN LA DESIGUALDAD

Hay otra especie de amistad, la que se da con superioridad, como la del padre con el hijo y, en general, la del más anciano con el más joven, la del hombre con la mujer y la del que manda con el subordinado [...]. De cada una de ellas es distinta la excelencia y la función y las razones por las que se produce el afecto, y en ellas no obtiene cada uno del otro las mismas cosas, ni hay que pretenderlo.

En todas las amistades en las que se da superioridad el afecto ha de ser proporcional; por ejemplo, que el mejor y el más útil reciban más afecto del que ofrecen, y lo mismo en lo demás, pues cuando el afecto se da en la medida adecuada, entonces se da en cierto modo la igualdad, que es lo que parece propio de la amistad.

É. N. VIII 1158 b11-28

114
AMISTAD, ADULACIÓN, INSEGURIDAD

Muchos, por ilusión, se deleitan cuando son honrados por los poderosos, pues creen que obtendrán algo de ellos si se lo piden, y se complacen en la honra tomándola por signo de trato favorable.

Los que desean recibir honra de parte de los buenos y sabios pretenden reafirmar la opinión que tienen de sí mismos, pues se complacen en creer que son buenos gracias al juicio de quienes se lo dicen; por eso podría parecer que eso es superior a recibir honores, y la amistad ha de ser elegida por sí misma.

É. N. VIII 1159 a18-27

115
EL CARIÑO MATERNO

Parece que la amistad reside más en amar que en ser amado. Signo de ello es que las madres se complacen en querer. Algunas dan sus hijos para que otros los críen y, cuando los ven, los quieren y no buscan ser queridas a cambio si no cabe que se den las dos cosas, sino que parece que se conforman con ver que les va bien, y ellas los quieren aunque ellos, en su ignorancia, no les ofrezcan nada de lo que corresponde a una madre.

Como en el cariño lo que más hay es sentimiento amistoso y los que aprecian a sus amigos reciben alabanzas, parece que la virtud propia de los amigos es tener cariño, de modo que en quienes se da eso en la medida adecuada, esos son los únicos amigos, y la única amistad, la suya.

É. N. VIII 1159 a27-36

116
AMISTAD Y SOCIEDAD

Como hemos dicho al principio, parece que la amistad y lo justo versan sobre lo mismo y se dan en los mismos campos, pues en toda sociedad parece que hay una cierta justicia y amistad. Se da el nombre de amigos a los compañeros de travesía o de campaña militar, y lo mismo a los de las demás sociedades. Y entre ellos en la medida en que han tenido cosas en común se da amistad y justicia.

Y el refrán «Lo de los amigos es común» se expresa correctamente, pues la amistad se da en la comunidad. Entre los hermanos y los compañeros todo es común, y en los otros grupos, cosas determinadas, y entre unos más y entre otros menos, pues también de las amistades las unas lo son más y las otras, menos. Y también difieren las cosas justas [...], y lo injusto también es diferente en cada grupo [...]. De modo natural la justicia crece con la amistad por darse en los mismos y alcanzar la misma amplitud.

Todas las comunidades se asemejan a las partes de la comunidad política, pues se reúnen para algo que conviene y para conseguir algo de lo necesario para la vida. Y desde el principio la comunidad política parece haberse juntado y haber permanecido por causa de la conveniencia. Eso se proponen los legisladores y dicen que lo justo es lo que conviene a la comunidad. Las demás comunidades pretenden lo conveniente de modo parcial, como los navegantes las cosas que corresponden a la tarea de la navegación o algo semejante [...] pero todas ellas parecen estar dentro del campo de acción de la política, pues la política no pretende la conveniencia presente, sino la de toda la vida.

É. N. VIII 1159 b25-1160 a23

117
AMISTAD ENTRE HOMBRE Y MUJER

Parece que entre hombre y mujer se da una amistad según la naturaleza, pues el hombre tiende por naturaleza antes a emparejarse que a vivir en ciudades, por cuanto es anterior y más necesaria la familia que la ciudad, y la procreación es más común con los animales. En los demás animales la vida en común se da en cierta medida, pero los seres humanos cohabitan no solo por la procreación, sino también con vistas a las necesidades vitales, pues las tareas se separaron pronto y unas son propias del hombre y otras de la mujer. Y así se ayudan mutuamente poniendo en común sus habilidades propias. Por esa razón parece que en esta amistad se dan lo útil y lo agradable. Y si son buenos, la amistad se daría también gracias a la virtud, y se deleitarían con ello; y el lazo son los hijos; por eso los que no tienen hijos se separan más deprisa, pues los hijos son un bien común y mantienen la sociedad.

É. N. VIII 1162 a16-29

118
LOS REPROCHES EN LA AMISTAD

Lógicamente, las reclamaciones y los reproches se dan solo o principalmente en la amistad por interés.

Los que son amigos a causa de su virtud procuran hacerse el bien mutuamente (pues eso es lo propio de la virtud y la amistad) y, como contienden en eso, no se dan reclamaciones ni disputas. Con el que te quiere y te hace el bien no se enfada nadie, sino que, si es de carácter amable, corresponde haciendo el bien. Y el que sobrepasa al otro, como alcanza lo que desea, no se lo reprocharía al amigo, pues ambos deseaban el bien.

No se da mucho tampoco en las amistades por el placer, pues ambos obtienen al tiempo lo que desean si disfrutan pasando el tiempo juntos. Por otro lado, parecería ridículo el que le hiciera reproches al que no le agrada, pudiendo no pasar tiempo con él.

La de las reclamaciones es la amistad por el interés. Puesto que se usan el uno al otro con vistas a un beneficio, siempre quieren más, y creen que tienen menos de lo que corresponde y hacen reproches porque, siendo merecedores de cuanto piden, no obtienen todo ello. Y los que hacen el bien no pueden dar abasto a cuanto piden los que lo reciben.

Parece, pues, que igual que la justicia es doble, una no escrita y otra según la ley, también en la amistad por interés hay una moral y otra según la ley. Y las reclamaciones se producen sobre todo cuando los tratos se acuerdan o se disuelven según distinta modalidad.

La amistad según la ley se produce según condiciones pactadas, en general, la de las compras en mano, o, más liberal, a plazo, según un acuerdo de dar algo a cambio de algo; en ese caso hay una deuda manifiesta, no equívoca, y tiene de amistoso la dilación [...].

La amistad moral no es según condiciones pactadas, sino cuando se le hace un regalo como amigo o algo similar: se considera adecuado recibir a cambio algo igual o de mayor valor, como si en vez de dárselo se lo hubiera prestado, y al dejar de ser parejas las condiciones del acuerdo, lo disolverá y reclamará. Esto ocurre porque todos o la mayoría tienen como propósito lo hermoso, pero eligen lo útil. Y lo hermoso es hacer el bien sin pretender correspondencia, pero lo útil es salir beneficiado [...]. Si se puede, se ha de corresponder con el equivalente de lo que se recibió [...]. Pero al principio se ha de mirar bien de quién viene el beneficio y con qué fin, para aceptarlo o no en tales condiciones.

É. N. VIII 1162 b5-1163 a9

119
AMISTAD CON SUPERIORES

También surgen diferencias en las amistades con superiores, pues ambos creen que merecen más, y cuando eso sucede, se deshace la amistad.

El mejor cree que le corresponde recibir más, pues al bueno se le asigna una parte mayor. Y lo mismo piensa el más útil, pues dicen que el que es inútil no debe tener lo mismo, y que se trataba de un servicio y no de amistad si lo que se obtiene de la amistad no se corresponde con la valía de las obras. Pues creen, como si se tratara de una sociedad crematística, que reciben más los que aportan más, y que así ha de ser también en la amistad.

Y el necesitado y el peor lo piensan a la inversa: que es propio del buen amigo socorrer a los necesitados. Pues ¿qué provecho hay en ser amigo del hombre bueno o del poderoso si uno no va a disfrutarlo?

En consecuencia, parece que ambos razonan correctamente y que a los dos les corresponde obtener más de la amistad, pero no de lo mismo, sino al que es superior, en honra, y al que está necesitado, en lucro [...].

Y es evidente que esa es también la situación en los asuntos políticos, pues no recibe honores el que no ha proporcionado ningún bien a la comunidad, ya que la comunidad hace dádivas a quien ha beneficiado a la comunidad, y los honores son de la comunidad. Pero no cabe al mismo tiempo enriquecerse con los bienes comunes y recibir honores, pues nadie acepta la inferioridad en todo. Entonces, al perjudicado en dinero se le tributan honras, y al que quiere dádivas, dinero: la correspondencia en méritos equilibra y mantiene a salvo la amistad, como se ha dicho.

Y ese ha de ser el trato entre desiguales, y el que ha resultado beneficiado en dinero o en virtud ha de corresponder con honras, devolviéndolo en lo que cabe, pues la amistad procura lo posible, no la correspondencia en méritos.

É. N. VIII 1163 a24-b15

120
AMISTADES Y AMORES

En todas las amistades desiguales la proporcionalidad iguala y mantiene a salvo la amistad, como se ha dicho [...]. En la relación amorosa a veces el amante hace reproches porque amando él en exceso no es correspondido en la misma medida —tal vez ocurre que no tiene nada de amable—, y muchas veces el amado reprocha porque, habiéndole prometido todo, luego no cumple nada: tales casos se dan porque el uno ama al amado por el placer y el otro al amante por el interés, pero no lo obtienen los dos.

Por esa causa, habiendo amistad, se produce la ruptura, cuando no se produce aquello por lo que amaban, pues no se amaban por ellos mismos, sino por los bienes que tenían, que no eran permanentes: por eso eran así esas amistades; mientras que la amistad de los caracteres, dado que lo es por sí misma, permanece, como hemos dicho.

Surgen las diferencias cuando obtienen cosas distintas de las que deseaban, pues cuando uno desea algo y no lo obtiene, es parecido a no obtener nada, como el que le prometió al citarista que cuanto más cantara, más ganaría. Cantó hasta el alba, y cuando pidió lo prometido, el otro le respondió que le había dado placer por placer.

É. N. IX 1163 b32-1164 a18

121
AMOR Y BENEVOLENCIA

La benevolencia se parece al sentimiento amistoso pero, desde luego, no es amistad, pues la benevolencia también se da con desconocidos y pasa desapercibida, mientras que la amistad, no. Y eso también se ha dicho ya antes. Tampoco es afecto, pues no conlleva tensión ni deseo, y esas cosas acompañan al afecto. Y el afecto va unido a la costumbre, mientras que la benevolencia también se da súbitamente [...].

Parece que la benevolencia es el principio de la amistad, como lo es del enamoramiento el placer mediante la vista. Pues nadie se enamora sin haberse deleitado antes con la visión, y el que se deleita con la imagen no está plenamente enamorado mientras no lo añora ausente y desea su presencia. Así, también, no es posible ser amigos sin haber sido antes benévolos, pero no por ser benévolos son plenamente amigos, pues nada más quieren lo bueno para aquellos con quienes son benévolos, pero no harían nada juntos ni se tomarían ninguna molestia por ellos.

Por eso traslaticiamente podría uno decir que es amistad inactiva y que al pasar el tiempo y llegar a la costumbre se vuelve amistad, pero no por el interés ni tampoco por el placer, pues la benevolencia no se da en esas condiciones.

É. N. IX 1166 b30-1167 a14

122
AMISTAD Y CONCORDIA

Es evidente que también la concordia es un sentimiento amistoso y por eso precisamente no es igualdad de pareceres, pues eso podría darse también entre quienes no se conocen. Ni tampoco se dice que estén en concordia quienes tienen el mismo parecer sobre un tema cualquiera, como los que opinan igual sobre los fenómenos celestes (pues eso no es cosa de amistad), sino que se dice que hay concordia en las ciudades cuando tienen el mismo parecer respecto a lo que conviene y eligen las mismas cosas y llevan a cabo lo que acordaron en común.

Así que la concordia se da respecto a lo práctico y, dentro de ello, respecto a las cosas importantes y que pueden darse para ambas partes o para todos.

É. N. IX 1167 a22-30

123
BIENHECHORES, ARTISTAS Y SENTIMIENTO AMISTOSO

Parece que los bienhechores sienten más afecto por los beneficiados que el que profesan los que reciben algún favor por quienes se lo han hecho, y lo investigamos como hecho incongruente. A la mayoría les parece que unos son deudores y otros acreedores [...].

Pero los que obran los beneficios aprecian y aman a los que los reciben aunque no les sean útiles en nada ni haya posibilidad de que lo sean más adelante, que es lo que sucede también en el caso de los artistas, pues todo artista ama su obra más de lo que le amaría esta si cobrara vida. Quizá ocurra eso especialmente en el caso de los poetas, pues estos sienten un amor inmenso por sus propios poemas y los aman como a hijos. A ese sentimiento se parece también el de los benefactores, pues lo propio de ellos es llevar a cabo la obra benéfica, y la aman más que amaría la obra a su creador.

La causa de esto es que para todos el ser es digno de ser elegido y amado, y somos en la acción —pues ser es actuar—, y la obra es, en cierto modo, «el creador en acto»: ama la obra porque también ama el ser. Esto es natural, pues lo que es en potencia lo pone de relieve en acto la obra. A la vez, también para el bienhechor es hermoso lo relativo a la acción, de modo que se deleita en la persona a la que le ocurre, mientras que para el favorecido no hay nada hermoso en quien lo hace, sino, en todo caso, útil; y lo útil es menos grato y amable [...]. Lo más grato e, igualmente, amable es lo que se da en acto; en consecuencia, para quien la ha hecho, la obra permanece —pues lo hermoso es duradero—, pero para quien lo ha recibido lo útil pasa, y el recuerdo de lo hermoso es grato, pero el de lo útil, no mucho, o menos.

É. N. IX 1167 b17-20 y 31-1168 a6

124
EL AMOR A SÍ MISMO

Se discute también si uno ha de amarse a sí mismo por encima de todo o a algún otro. Se reprueba a quienes se aman a sí mismos sobre todo y, como si fuera vergonzoso, se les llama egoístas, y parece que el hombre vil lo hace todo atendiendo a sí mismo, y tanto más cuanto más malvado sea [...], mientras que el hombre bueno lo hace por nobleza —y cuanto mejor sea, más por nobleza— y para el amigo, y da de lado lo suyo.

Pero los hechos no están en armonía con estos argumentos, y no sin razón. Pues dicen que hay que amar más al que es más amigo, y el más amigo es el que quiere los bienes para aquel a quien quiere por él mismo, incluso si nadie lo va a saber. Y esto se da sobre todo en uno mismo para consigo mismo [...] y todos los refranes concuerdan, como lo de «Una sola alma» y «Lo de los amigos es común» y «Amistad, igualdad» y «Más próximo que la pantorrilla, la rodilla», pues todo eso podría muy bien aplicarse a uno mismo [...].

Si llegáramos a comprender qué sentido le dan unos y otros, quedaría claro el asunto. Unos, poniéndolo como reproche, llaman egoístas a los que en los repartos se dan a sí mismos la mayor parte en dinero, honores y placeres corporales. La mayoría desea estas cosas y se esfuerza por ellas como si fueran las mejores, por lo cual son cosas muy disputadas. Los codiciosos de estas cosas satisfacen sus deseos y, en general, sus pasiones y la parte irracional de su alma. Así son la mayoría de los hombres, y por eso el nombre ha nacido de que muchas veces el amor a sí mismo es malo, y con razón se censura a los que son tan egoístas [...].

Y si alguien se afanara siempre en obrar lo justo por encima de todo, o lo sensato, o cualquier otra cosa conforme a las virtudes y, en general, procurara siempre lo hermoso para sí mismo, nadie dirá que es egoísta ni le hará reproches. Pero esa persona parecería ser el más egoísta, pues toma para sí los bienes más hermosos y mejores, y satisface lo más noble de sí mismo y atiende a eso en todo.

É. N. IX 1168 a28-b31

[…] Así que a los que se afanan por destacarse en las buenas acciones todos los aceptan y los alaban. Y si todos lucharan por lo noble y procuraran llevar a cabo las más bellas acciones, los asuntos públicos irían como es debido y en los privados cada uno obtendría los mayores bienes, si es que la virtud es uno de ellos. De modo que el hombre bueno ha de ser egoísta (y él mismo saldrá ganando al hacer lo bueno y beneficiará a los otros), pero el malvado no debe serlo, pues al seguir sus bajas pasiones se perjudicará a sí mismo y a sus prójimos.

É. N. IX 1169 a6-15

125
LOS AMIGOS Y EL HOMBRE FELIZ

También se duda respecto a si necesita amigos el hombre feliz o no. Se afirma que los felices y autosuficientes no necesitan de amigos en absoluto, pues disponen de los bienes, y siendo autosuficientes no necesitan nada más, ya que el amigo, que es otro «él», le procura lo que no puede obtener por sí mismo. De ahí lo de:

> *Cuando la divinidad da en abundancia, ¿para qué hacen falta amigos?*

Pero parece ilógico que quien da todos los bienes al hombre feliz no le haya dado también amigos, que parece que son el mayor de los bienes externos. Y si lo propio del amigo es más bien hacer el bien que recibirlo, y es propio del hombre bueno y de la virtud ser bienhechor, y más hermoso hacer bien a los propios que a los extraños, el hombre cabal necesitará amigos a quienes favorecer.

Por eso también se investiga si se necesitan los amigos más en la fortuna que en la adversidad, porque tanto necesita el desdichado quienes le favorezcan como los afortunados a quiénes favorecer. Y además, tal vez sea ilógico poner como «solitario» al hombre feliz. Pues nadie elegiría tener todos los bienes en soledad, ya que el hombre está hecho por naturaleza para vivir en ciudades y para la convivencia. Y esa es la situación del hombre feliz, pues tiene los bienes que lo son por naturaleza, y está claro que es mejor pasar el tiempo con los amigos y con gente buena que con extraños y con gente cualquiera. Por tanto, el hombre feliz también precisa de amigos.

Entonces, ¿por qué decían aquello los primeros y en qué sentido decían la verdad? ¿O será porque la mayoría cree que «amigos» son los que les son útiles? Y de esos no necesitará en absoluto el hombre feliz, puesto que cuenta con los bienes. Ni tampoco de amigos para el placer —o en pequeña medida: como lleva una vida grata, no necesita para nada de placer añadido—. Y al no necesitar de tales amigos, parece que no necesita amigos. Pero eso tal vez no sea verdad.

Dijimos al principio que la felicidad es una actividad [...]. Y si ser feliz consiste en vivir y actuar, y si la actividad del bien es buena y placentera por sí misma [...], y lo familiar se encuentra dentro de lo placentero y podemos contemplar al prójimo mejor que a nosotros mismos y sus acciones mejor que las nuestras, las acciones de los buenos, cuando son amigos, son gratas a los buenos [...]: y el hombre feliz necesitará de tales amigos si es que prefiere la contemplación de acciones buenas y familiares; y esas son las del hombre bueno que es su amigo.

É. N. IX 1169 b3-1170 a4

126
¿HAY QUE TENER MUCHOS AMIGOS?

¿Hay que tener el mayor número posible de amigos o, igual que se dice —y parece que convenientemente— en el caso de los huéspedes «Ni muchos huéspedes ni sin ellos»,[15] también en el caso de la amistad será adecuado no estar sin amigos ni tampoco tener un exceso de ellos? [...] Más de los convenientes para la vida habitual son molestos y un estorbo para vivir bien, luego esos no hacen falta. Y para el placer basta con unos pocos, como el aliño en la comida [...]. Además, también es necesario que sean amigos entre sí, si todos han de pasar el tiempo unos con otros, y entre muchos es laborioso desenvolverse. Y es difícil compartir con muchos las alegrías y las penas de modo familiar [...]. Así que tal vez está bien pretender no ser de muchísimos amigos, sino de los que sean bastantes para la convivencia.

[...] Del trato de camaradería no resultan muchos amigos, y las amistades célebres se dan entre dos. Los que tienen muchos amigos y tratan con familiaridad a todo el que se topan parece que no son amigos de nadie salvo por urbanidad y se les llama obsequiosos. «Por urbanidad» es ser amigo de muchos sin llegar a ser obsequioso, sino una persona verdaderamente de bien. Pero no cabe ser amigo de muchos en razón de la virtud y de

15. Véase la nota 14.

ellos mismos, sino que más bien sería deseable encontrar de esos unos pocos.

É. N. IX 1170 b20-29 y 1171 a4-20

127
¿EN LA ALEGRÍA COMO EN LA PENA?

¿Son más necesarios los amigos en las dichas o en las desdichas? Los buscamos en ambos casos, pues los desdichados necesitan asistencia y los dichosos, compañeros vitales y a quienes puedan favorecer [...]. La presencia de los amigos es grata tanto en la dicha como en la desdicha y los entristecidos sienten alivio cuando los amigos se conduelen con ellos [...].

El propio ver a los amigos es grato, sobre todo para el desdichado, y es una ayuda para no entristecerse (el amigo es un consuelo tanto el verlo como su conversación, si tiene mano izquierda, pues conoce el carácter y sabe con qué se deleita y se aflige el otro).

Pero ver al amigo entristecido por las desdichas de uno es triste, y todo el mundo rehúye ser causa de tristeza para los amigos; por lo cual los de carácter viril evitan contristar a los amigos por su causa y, si no se exceden hasta la insensibilidad, no soportan la pena que producen en aquellos y, en general, no quieren compañeros de lamentaciones porque ellos mismos no son amigos de lamentarse. Pero a las mujeres y a los hombres que se parecen a ellas les agrada tener compañeros de llanto y los quieren como amigos y compañeros de dolor. Pero está claro que en todo hay que imitar al mejor.

É. N. IX 1171 a21-30 y 1171 a34-b12

128
OPINIONES SOBRE EL PLACER

Parece también que para la virtud moral lo más importante es deleitarse con lo que se debe y odiar lo que se debe, pues eso se prolonga durante toda la vida y tiene peso y potencia para toda la vida, ya que se elige lo grato y se rehúye lo penoso [...].

Unos dicen que el placer es el bien; otros, de la opinión contraria, que es totalmente malo —unos, convencidos tal vez de que es así, pero otros creyendo que es mejor para nuestra vida el señalar el placer entre las cosas viles aunque no lo es, y que dado que la mayoría se inclina a él y son esclavos de los placeres, por ello es preciso encaminarlos a lo contrario, pues de este modo quizá vayan hacia el término medio.

Pero podría ser que esto no esté bien dicho, pues las palabras sobre lo que concierne a las pasiones y las acciones son menos fiables que los hechos, y cuando disienten de los datos de la percepción, estos, a pesar de ser despreciados, hacen ver su desacuerdo con la verdad: el que hace reproches al placer, cuando alguna vez se le ve ansiándolo, da la impresión de que se inclina hacia ello porque lo considera siempre deseable. Así que los discursos verdaderos parecen ser los más útiles no solo para saber, sino también para la vida. Y es que cuando están en armonía con los hechos, se les da crédito: por ello mueven a vivir de acuerdo con ellos a los que los comprenden.

É. N. X 1172 a21-b7

129
EN TORNO AL PLACER

Puesto que todo sentido actúa sobre lo sensible, y lo hace perfectamente el que tiene buena disposición respecto a lo más hermoso de lo que está en el campo de acción del sentido [...], a cada uno corresponde como mejor actividad la de lo que tiene la mejor disposición para lo mejor de lo que hay en su campo de acción, y esta actividad será la más perfecta y la más placentera. Y esta sería la más perfecta y más placentera porque en toda percepción hay placer, e igualmente en todo pensamiento y contemplación; y la más perfecta sería la más placentera, y perfecta sería la de lo que tiene la disposición adecuada para lo más noble de lo que está en su campo de acción. Y el placer perfecciona la actividad; pero el placer no la perfecciona del mismo modo que la unión del sentido y lo sensible, aunque estos sean nobles, del mismo modo que tampoco la salud y el médico son del mismo modo causa del estar sano.

El placer perfecciona la actividad no como la disposición que hay en él, sino como el fin resultante, como la juventud para los que están en la flor de la edad. Por tanto, mientras sean como es debido lo inteligible o lo sensible y lo que juzga o contempla, habrá placer en la actividad. Pues siendo semejantes lo paciente y lo agente y estando en igual relación lo uno con lo otro, el resultado será naturalmente el mismo.

Entonces, ¿cómo es que nadie experimenta el placer constantemente? ¿O es que cansa? Pues las facultades humanas son todas incapaces de estar en acción contantemente, y entonces tampoco se produce placer, pues este se sigue de la actividad.

Por otro lado, algunos placeres deleitan cuando son nuevos, pero más adelante, por eso mismo, no de la misma manera. Pues al principio el pensamiento se ve atraído y, en tensión por ello, está en actividad, como los que atienden con la mirada; pero luego la actividad no es tanta, sino que se va descuidando, y por ello también el placer va desapareciendo.

Pensaría uno que todos desean el placer, porque todos desean también vivir. Y la vida es cierta actividad, y cada uno actúa en lo que y mediante lo que más le agrada, como el músico mediante el oído en las melodías, el aficionado a las matemáticas mediante el entendimiento en los teoremas, y así cada uno en lo demás, y el placer lleva a la perfección las actividades y la vida que desean. Así que con razón desean el placer [...].

Dejemos de momento la cuestión de si elegimos vivir por causa del placer o el placer por causa de la vida, pues esas cosas parecen estar unidas y no admitir separación, ya que sin actividad no hay placer y el placer lleva a la perfección cualquier actividad.

É. N. X 1174 b14-1175 a21

130
DIVERSIDAD DE PLACERES

Como las actividades difieren en bondad y maldad, al ser unas dignas de elección y otras de rechazo y otras indiferentes, así son también los placeres, pues a cada actividad corresponde un placer particular [...], y los placeres de las actividades están más emparentados con ellas que con los deseos, puesto que estos últimos están separados del placer por el tiempo y la naturaleza, mientras que los placeres están muy próximos a las actividades y son inseparables hasta el punto de que cabe la duda de si la actividad y el placer son lo mismo. No parece que el placer sea pensamiento ni percepción —eso es absurdo—, pero a algunos les parecen lo mismo porque no son separables [...].

Parece que hay un placer propio de cada animal, igual que una tarea, correspondiente a cada actividad [...], pues uno es el placer del caballo y otro el del perro y otro el del hombre, como dice Heráclito, que los burros elegirían antes la paja que el oro, pues para los burros es más placentero el pienso que el oro [...].

Y en el caso de los hombres difieren no poco, pues las mismas cosas deleitan a unos y a otros los entristecen [...], y eso ocurre con lo dulce, pues no parece lo mismo al que tiene fiebre y al que está sano, ni les parece igual que haga calor al enfermo y al sano. Y sucede igualmente en otros casos, y lo que se admite en todas esas cosas es lo que le parece al hombre bueno.

Y si esto es correcto, como parece, y la medida de cada cosa son la virtud y el hombre bueno en la medida que lo es, también serían placeres los que se lo parecen a él, y cosas gratas aquellas con las que él se deleita. Pero tampoco es de extrañar que a alguien le agrade lo que a aquel le parece molesto, pues entre los hombres se dan muchas corrupciones e indecencias (y no son cosas placenteras, pero lo son para estos y para los que tienen esa disposición).

Ahora bien, de los placeres que parecen buenos, ¿cuál o de qué características se ha de decir que es el propio del hombre? ¿No es el que procede de las actividades? Pues los placeres se siguen de ellas. Luego sea uno o sean varios los placeres del hombre perfecto y feliz, se diría que son propios del hombre principalmente los que perfeccionan sus actividades, y que los demás lo serían secundariamente y en múltiples sentidos, como las actividades.

É. N. X 1175 b24-1176 a29

131
SOBRE LA BUENA SUERTE

Quedaría hablar, puesto que el discurso versa sobre la felicidad, sobre la buena suerte. El vulgo cree que la vida feliz es la vida afortunada, o al menos, que no se da sin buena suerte [...].

[La buena suerte] no se podría decir que es naturaleza, pues la naturaleza, la mayor parte de las veces, produce más o menos aquello de lo que es causa, mientras que la suerte no, sino que actúa desordenadamente y de cualquier modo. Por eso se habla de suerte en esos casos. Tampoco es algún género de entendimiento o recta razón, pues en eso no se da menos lo ordenado y lo que siempre es de determinado modo, pero no la suerte. Por eso donde hay el máximo de entendimiento y de razonamiento, ahí es donde hay menos suerte, y donde más suerte, menos entendimiento.

¿Acaso la buena suerte es una especial atención de los dioses? ¿O no parece que sea eso? Consideramos que la divinidad es dueña de esas cosas, de repartir los bienes y los males a quienes los merecen, y la suerte y lo que viene de la suerte es como quiere la suerte, y si atribuimos eso a la divinidad estaríamos haciendo de ella un juez malo o uno no justo.

[...] La buena suerte y la suerte se dan en lo que no depende de nosotros y en aquello de lo que no somos dueños ni capaces de hacerlo. Por eso del justo, en tanto que justo, nadie dice que tiene buena suerte, ni al valiente ni, en general, a ninguno de los que viven según la virtud, pues eso depende de nosotros tenerlo o no tenerlo [...].

Llamamos «de buena suerte» al nacido de noble cuna y, en general, a aquel que posee esa clase de bienes que no están en su poder. No obstante, no llamaríamos «buena suerte» principalmente a eso, pues «de buena suerte» se dice en muchos sentidos: decimos que es de buena suerte aquel a quien le ocurre que le sale bien lo suyo contra lo razonable y llamamos afortunado a aquel a quien le correspondía recibir un castigo y sale ganancioso. Así que la buena suerte reside en que le pase a uno algún bien contra lo esperable y en no recibir un daño esperable. Pero parecería que hay buena suerte más propiamente en recibir un bien.

Así que la buena suerte es una naturaleza irracional. El afortunado es el que siente un impulso sin razón hacia lo bueno, y lo consigue, y eso es cosa de la naturaleza. Pues en nuestra alma hay por naturaleza algo con lo que sentimos un impulso irracional hacia lo que es bueno para nosotros, y si alguien preguntase «¿Por qué te agrada hacer eso así?» le diría «No sé. Pero me gusta»; y algo semejante les pasa a los que están poseídos por la divinidad.

G. É. 1206 b30-1207 b3

132
PLACER, JUEGO, FELICIDAD Y ESFUERZO

Dijimos que [la felicidad] no es un estado [...], sino que más bien hemos de ponerla en cierta actividad, [...] y está claro que hay que poner la felicidad como una de las cosas elegibles por sí misma y no entre las que se hacen en razón de otra cosa, pues la felicidad no está falta de nada, sino que es autosuficiente [...].

De esa clase parecen ser las acciones acordes con la virtud [...] y los juegos placenteros, pues no se eligen en función de otra cosa; de estos resultan perjuicios más que beneficios, al despreocuparnos de cuerpos y hacienda; sin embargo, la mayor parte de los hombres considerados felices se refugia en tales pasatiempos, y por eso en las cortes de los tiranos son apreciados los dotados de ingenio para tales pasatiempos [...]. Parece que estos juegos tienen relación con la felicidad porque los que ocupan puestos de poder distraen en ellos sus ocios, pero tal vez ellos no son indicio de nada, pues ni la virtud ni el entendimiento, de los que vienen las acciones nobles, consisten en ocupar puestos de poder [...].

É. N. X 1176 a33-b19

Luego la felicidad no reside en el juego. Sería absurdo que el fin fuera el juego y estar ocupado y pasar malos ratos durante toda la vida por causa del juego [...]. Esforzarse y trabajar por el juego parece estúpido y más que pueril. Pero jugar para trabajar, según Anacarsis, parece que es correcto, pues el juego se parece al descanso y, siendo incapaces de trabajar todo el tiempo, necesitamos descanso; pero el descanso no es un fin, pues se da con vistas a la actividad. Y parece que la vida feliz es acorde con la virtud, y esta se da con el esfuerzo, no con el juego.

É. N. X 1176 b27-1177 a3

133
GUÍAS DE LA FELICIDAD Y GÉNEROS DE VIDA

Siendo tres las cosas propuestas como guías hacia la felicidad [...] —la virtud, la prudencia y el placer—, vemos que hay tres vidas que eligen vivir todos los que tienen la potestad de elegir: la política, la filosófica, la del goce.

De estas, el filósofo se propone dedicarse a la [vida] de la prudencia y a la contemplación de la verdad; el político, a las acciones bellas (y esas son las que vienen de la virtud) y el voluptuoso, a los placeres corporales. Por eso unos llaman feliz a uno y otros a otro, como se dijo antes.

Anaxágoras de Clazómenas, una vez que le preguntaron quién era el más feliz, dijo: «Nadie de los que tú crees, sino alguien que te parecería absurdo».

Respondió de ese modo porque veía que el que le preguntaba era incapaz de imaginar que no fuera a ser un noble poderoso o un rico el que recibiera ese sobrenombre, mientras que él probablemente creía que era el que vivía con alegría y pureza dedicado a la justicia o tomando parte en alguna contemplación divina, y que sería de ese de quien se diría que era feliz en tanto que ser humano.

É. E. 1215 a31-b13

Tampoco gracias al placer de comer o a los placeres sexuales, si se quitan los demás placeres, como el de aprender o el de ver o alguno de los otros sentidos, hallan recurso los hombres ni elegiría nadie vivir [por ellos], salvo que fuera completamente servil. Pues está claro que para quien hiciera tal elección no habría ninguna diferencia entre ser una bestia o un ser humano. En todo caso, el buey al que los egipcios reverencian como Apis tiene más potestad en muchas de esas materias que muchos monarcas.

É. E. 1215 b30-1216 a2

134
LO MEJOR, LA VIDA CONTEMPLATIVA...

Si la felicidad es la actividad conforme a la virtud, es razonable que sea conforme a la más elevada. Y esta sería la de lo más noble. Sea el entendimiento o alguna otra cosa lo que parece gobernar y guiar y reflexionar conforme a la naturaleza respecto a lo hermoso y lo divino, y sea porque ello mismo sea divino o porque sea lo más divino que hay en nosotros, su actividad conforme a la virtud que le es propia sería la felicidad perfecta. Ya se ha dicho que es contemplativa [...].

Y consideramos que es preciso que el placer esté mezclado a la felicidad; y lo más placentero de lo conforme a la virtud es, según se reconoce, el placer conforme a la sabiduría, pues parece que la filosofía proporciona placeres admirables por su pureza y su firmeza, y que es razonable que sea más grato el transcurrir de la vida para los que saben que para los que buscan.

Y lo que llaman autosuficiencia se daría especialmente en la vida contemplativa, porque lo necesario para la vida lo necesitan el sabio y el justo y los demás, pero el justo, una vez provisto de ello suficientemente, necesita con quiénes y entre quiénes practicar la justicia, y lo mismo el prudente y el valeroso y cada uno de los otros, mientras que el sabio puede practicar la contemplación aun estando solo, y tanto más cuanto más sabio sea. Quizá lo haría mejor con compañeros de tarea, pero aun así es el más autosuficiente.

Y parecería que es la única actividad que se ama por sí misma, pues de ella no se saca nada salvo la contemplación, mientras que de las virtudes prácticas —de unas más, de otras menos— sacamos algo además de la acción [...].

Y parece que la felicidad se da en el ocio, pues asumimos ocupaciones para disponer de ocio y guerreamos para traer la paz.

La actividad de las virtudes prácticas se da en las acciones políticas y en las guerreras, y las acciones en esos terrenos parecen ser ocupaciones —las guerreras siempre y totalmente [...]— y también la vida del político está llena de ocupaciones [...].

Y, si de las acciones conforme a las virtudes, las políticas y las guerreras se destacan en belleza y grandeza, pero conllevan ocupaciones y pretenden algún fin y no son elegidas por sí mismas, mientras que la actividad del entendimiento parece que se distingue por su valía al ser contemplativa y que en ella no se persigue ningún fin, y que conlleva el placer que le es propio (y este potencia la actividad), y la autosuficiencia y el ocio y la ausencia de fatiga y cuantas otras cosas corresponden al hombre feliz parecen darse de acuerdo con esa actividad, ella sería la felicidad completa para el hombre si ocupa la duración entera de su vida [...].

É. N. X 1177 a12-b25

135
... DESPUÉS, LA VIRTUOSA

En segundo lugar, vida feliz será la conforme a la restante virtud, pues las actividades conformes a ella son propias del hombre. Practicamos lo justo y lo valeroso y las demás acciones conformes a la virtud unos con otros en contratos, asistencias y acciones de todas clases, observando en los sentimientos la decencia correspondiente a cada quien. Y todo eso parece ser propio del hombre.

Parece incluso que una parte de ello procede del cuerpo, y que muchas veces la virtud moral está en estrecha relación con los sentimientos. Por otro lado también el buen juicio está unido a la virtud moral y esta al buen juicio, si es que los principios del buen juicio son conformes a las virtudes morales y lo correcto en lo moral es conforme al buen juicio.

Esas, unidas a los sentimientos, serían virtudes del compuesto. Y las virtudes del compuesto son humanas; luego también lo serán la vida conforme a ellas y la felicidad; ahora bien, la virtud del entendimiento queda aparte.

É. N. X 1178 a9-22

136
LA FELICIDAD DIVINA

Que la felicidad perfecta es una actividad contemplativa resultaría evidente también a partir de esto: suponemos que los dioses son bienaventurados y felices en grado sumo. Pero ¿qué acciones habría que atribuirles? ¿Acaso las justas? ¿O serán ridículos haciendo contratos y devolviendo garantías y todo eso? Entonces, ¿acciones de valientes, afrontando cosas temibles y corriendo riesgos porque es hermoso hacerlo así? ¿O actos de liberalidad? ¿Y con quiénes los harán? Incluso es absurdo que usen moneda o cosa semejante. Y sus acciones prudentes, ¿en qué consistirían? ¿No sería una grosería esa alabanza, dado que no tienen deseos viles?

Si fuéramos repasando lo relativo a sus acciones, parecería que todo es cosa menor e indigna de los dioses.

Pero ¡todos han supuesto que viven y, por tanto, que actúan, y no que duermen como Endimión! Ahora bien, si al ser vivo se le quita la actividad creativa y más aún la productiva, ¿qué queda, aparte de la contemplativa? De modo que la actividad divina, que sobresale en bienaventuranza, sería contemplativa: también de las actividades humanas la más emparentada con esta será la más feliz.

É. N. X 1178 b7-23

137
VIVIR BUSCANDO LA TRASCENDENCIA

Una vida así, [contemplativa], sería superior a lo que corresponde al hombre, pues no vivirá así en tanto que es hombre, sino en tanto que en él hay algo divino; cuanto difiere esto del compuesto, otro tanto difiere también su actividad de la actividad conforme al resto de la virtud: si el entendimiento es divino respecto al hombre, la vida conforme a él será divina respecto a la vida humana [...]. Y no hace falta, como algunos aconsejan, tener designios humanos por ser hombre, ni mortales por ser mortal, sino hacerse inmortal y hacerlo todo para vivir de acuerdo con lo más elevado que hay en uno mismo.

É. N. X 1177 b26-34

138
NO HACE FALTA SER RICO PARA SER FELIZ

[El hombre feliz], por ser hombre, necesitará también el bienestar exterior, pues la naturaleza no es autosuficiente para la contemplación, sino que es preciso que el cuerpo tenga salud, y disponer de alimentos y de los restantes cuidados. Pero no se ha de creer que el que haya de ser feliz requiera de grandes cosas y de abundancia porque no sea posible ser feliz sin los bienes externos. Ni la autosuficiencia ni la acción están en el exceso, y es posible obrar el bien aun no siendo dueño de la tierra y del mar, y uno podría actuar conforme a la virtud con bienes moderados [...], pues eso es bastante: feliz será la vida del que actúa conforme a la virtud.

Tal vez representó muy bien a los felices Solón, que decía que, según creía, son los que han tenido bienes externos moderados y han obrado acciones bellísimas y han cumplido su vida prudentemente, pues es posible hacer lo que se debe con hacienda moderada. También Anaxágoras era del parecer de que no hay que suponer que el hombre feliz es rico ni poderoso, y afirmaba que no le extrañaría parecer absurdo a la mayoría, pues estos juzgan por lo exterior, que es lo único que perciben. Así que parece que las opiniones de los sabios son acordes con nuestros razonamientos.

É. N. X 1178 b34-1179 a17

139
LA PRÁCTICA: ¿ES NECESARIA?

Si hemos hablado suficientemente sobre estos asuntos y las virtudes y también la amistad y el placer, ¿hemos de creer que nuestro propósito ha alcanzado su fin? ¿O, como se dice, en lo práctico el fin no es estudiarlo y conocerlo, sino más bien practicarlo? ¿Tampoco basta con saber sobre la virtud, sino que se ha de intentar poseerla y utilizarla o llegamos a ser buenos de alguna otra manera?

É. N. X 1179 a33-b4

140
LA PRÁCTICA: PARA SER BUENO NO BASTA CON EL RAZONAMIENTO

Si los razonamientos fueran bastante para hacernos buenos, con razón según Teognis «producirían muchas y grandes remuneraciones» (vv. 432-434), y uno habría de procurárselos. Pero en realidad es evidente que tienen fuerza para animar y alentar a los jóvenes de sentimientos generosos y hacer su carácter noble y auténticamente amante de la belleza susceptible de ser poseído por la virtud, pero son incapaces de inclinar al vulgo a la integridad, pues por naturaleza no son de obedecer por respeto, sino por temor, ni de apartarse de lo vil por vergüenza, sino por miedo al castigo: como viven para la pasión, persiguen sus propios placeres y los medios por los que los obtendrían y rehúyen las penas opuestas, y no tienen ni idea de lo bello y verdaderamente placentero, pues nunca lo han probado. ¿Qué razonamiento les haría cambiar? No es posible —o no es fácil— transformar mediante la razón los hábitos adquiridos de antiguo.

No obstante, es deseable que participemos de la virtud, si se da todo aquello mediante lo cual parece que llegamos a hacernos hombres de bien.

É. N. X 1179 b4-20

141
LA PRÁCTICA: ¿CÓMO SE LLEGA A SER BUENO?

Llegar a ser buenos piensan unos que es cosa de la naturaleza, otros que de la costumbre y otros que de la enseñanza.

Lo de la naturaleza, evidentemente, no está en nuestras manos, sino que se da en los verdaderamente afortunados por alguna causa divina.

El razonamiento y la enseñanza no en todos tienen fuerza, sino que hace falta haber trabajado previamente mediante los hábitos el alma del oyente para que se deleite y aborrezca correctamente, como se trabaja la tierra para que alimente la semilla [...]. Pero es preciso que exista previamente un carácter adecuado para la virtud, que ame lo hermoso y se disguste con lo feo.

É. N. X 1179 b20-31

142
LA VIRTUD Y LAS LEYES

Es difícil conseguir desde joven una recta guía hacia la virtud a menos que uno haya sido educado por leyes de esa clase. Vivir con sensatez y perseverancia no es grato al vulgo, y menos aún a los jóvenes. Por eso es preciso que las leyes regulen la crianza y los hábitos de vida, pues no serán costosos si forman parte de la costumbre.

Pero tal vez no es suficiente que los que son jóvenes consigan una crianza y unos cuidados correctos, sino que, puesto que también cuando ya son hombres han de practicarlos y mantenerse en la costumbre, pediríamos leyes también en torno a eso y, en general, respecto a todo en la vida.

El vulgo obedece más a la fuerza de la necesidad que al razonamiento y más a los castigos que a la nobleza. Por eso algunos creen que es necesario que los legisladores inviten y animen a la virtud en razón de lo noble, para que les presten oído quienes han avanzado convenientemente en la virtud, y que a los desobedientes y a los menos dotados les impongan castigos y sanciones y que a los incorregibles, sencillamente, los destierren [...].

Así que si, como se ha dicho, al que haya de ser bueno hay que criarlo y acostumbrarlo convenientemente [...], eso se daría en quienes vivan de acuerdo con una inteligencia y un orden correcto dotado de vigor [...]. Y la ley tiene capacidad constrictiva, siendo razón procedente de la prudencia y el entendimiento [...].

Parece que solo en la ciudad de los lacedemonios o en unas pocas más el legislador ha tomado cuidado de la crianza y los hábitos de vida, mientras que en la mayor parte de las ciudades se ha despreocupado completamente de esos asuntos, y cada uno vive como quiere, como los Cíclopes, «imperando sobre sus hijos y esposa» (*Od.* IX 114-115). Lo mejor es que haya una atención pública y correcta y capaz de actuar, pero si la comunidad se despreocupa, debería corresponder a cada uno encauzar a los suyos y a sus hijos hacia la virtud o, al menos, proponérselo [...].

É. N. X 1179 b31-1180 a32

Tal vez el que quiera hacer mejores a otros —sean muchos, sean pocos— mediante sus cuidados, ha de llegar a ser legislador, si es gracias a las leyes como nos volvemos buenos.

É. N. X 1180 b23-25

ELENCO DE PERSONAS MENCIONADAS Y ALUDIDAS

Afrodita Diosa de la belleza y la pasión amorosa, su poder se ejerce mediante la gracia y la capacidad de seducción, para la que no duda en emplear engaños y artimañas, al decir de los poetas.

Anacarsis (VI a. C.) Escita de nacimiento, fue uno de los candidatos al séptimo puesto en la lista de los Siete Sabios; de él nos han llegado unas pocas frases sentenciosas; una de ellas está próxima en su significado a la transmitida por Aristóteles: «Como los arcos tensados todo el tiempo se quiebran, pero si los aflojan están preparados para su uso en los menesteres de la vida, así también la razón se fatiga de volver siempre sobre las mismas cosas».

Anaxágoras (500-428 a. C. aprox.) Filósofo presocrático de noble cuna y grandes riquezas, Aristóteles alude a las tradiciones que lo presentan volcado a la vida del espíritu. Su afán por la vida del saber llegó a tal extremo que se desentendió de su hacienda completamente en pro de sus investigaciones, y al regresar de un viaje y verlo todo abandonado, exclamó:

«No estaría yo a salvo si estas cosas no se hubieran perdido»: un sabio de la filosofía poco prudente en los asuntos cotidianos.

Apis Divinidad solar egipcia venerada en Menfis bajo la forma de un toro de ciertas características externas. En su calidad divina, el buey era tratado con toda consideración, y llevaba una vida regalada: alimentado en el templo, bañado por sus sirvientes, con un establo lujosamente adornado y su propio harén. Además, actuaba con función oracular, y sus menores gestos, efectivamente, gozaban de mayor autoridad que muchos monarcas.

Bías de Priene (siglo VI a. C.) Uno de los Siete Sabios, hábil mediador político y defensor desinteresado de las causas justas, lo que hizo que quedara como proverbial su sentido de la equidad.

Calipso En la *Odisea* es la ninfa que acogió a Ulises tras perder este sus naves y a sus compañeros; cuando el héroe quiso regresar a su patria le facilitó los medios y le aconsejó. El verso que Aristóteles le atribuye (texto 12) quizá lo pronunciaba Calipso en la versión de la *Odisea* que conoció el filósofo; en el poema que nosotros conocemos es una frase de Ulises (XII 219) para indicar a su piloto cómo pasar con menos daño por entre Escila y Caribdis.

Cíclopes Seres mitológicos de forma humana pero de tamaño gigantesco y con un solo ojo en medio de la frente, la *Odisea* los retrata como un pueblo de pastores ignorantes de la agricultura y desconocedores de la vida en comunidad: «Confiados en los dioses inmortales no plantan árboles ni labran los campos, sino que todo les nace sin semilla y sin arada... No tienen ágoras donde se reúnan para deliberar ni leyes tampoco, sino que viven en las cumbres de los montes dentro de excavadas cuevas; cada cual impera sobre sus hijos y mujeres, y no se entrometen los unos con los otros».

Endimión Joven pastor amado de Selene, la Luna. Ella solicitó de Zeus que le concediera un deseo, y él eligió dormir un sueño eterno.

Eveno (v a. C.) Orador y sofista del que se conservan unos pocos versos.

Fálaris Tirano de Acragante (570-549 a. C., aprox.) fue el primer tirano importante en la isla de Sicilia. Se hizo famosa su crueldad, y de él se contaba que devoraba niños y que se entregaba a prácticas sexuales nefandas.

Fidias Escultor ateniense, activo entre 465 y 425 a. C., a quien se atribuyen algunas de las obras más destacadas de la estatuaria griega del período: la decoración escultórica del Partenón, la *Atenea Prómachos* que se alzaba en la Acrópolis, las estatuas criselefantinas de Zeus y Atenea...

Filipo II de Macedonia (386-332 a. C.) A la muerte de su hermano Perdicas III, en 369 a. C., encontró una Macedonia envuelta en guerras con los ilirios y amenazada de disgregación, pero logró transformarla en una notable potencia política y militar, hegemónica en la Hélade.

Es probable que su relación con Aristóteles fuera de gran cercanía a lo largo de toda su vida:

—En su niñez y juventud, porque siendo Filipo solo dos años mayor que él y Nicómaco, el padre de Aristóteles, médico personal de Amintas III, padre de Filipo, debieron de conocerse y tratarse en la primera época de sus vidas.

—Probablemente fue la buena relación entre ambos la que facilitó en 347 a. C. que al abandonar Aristóteles la Academia, fuera acogido amistosamente por Hermias, de Atarneo, que por entonces era aliado de Filipo.

—A esa buena relación pudo deberse también la estancia de Aristóteles en la corte de Pela entre 337 y 335 a. C. Si damos por buena la noticia de Plutarco, la relación habría sido especialmente próxima, pues durante ese tiempo Aristóteles se habría estado ocupando de la educación de Alejandro, el hijo de Filipo.

—La buena relación de Aristóteles con el poder macedonio podría explicar por qué vio conveniente abandonar Atenas a la muerte de Alejandro: se había señalado por sus simpatías políticas hacia un poder que entonces entraba en crisis, y eso lo había dejado en una posición sumamente inestable.

Héctor Hijo de Príamo, rey de Troya, aparece como el principal defensor de los troyanos en la *Ilíada*; frente al ardor guerrero de Aquiles, Héctor representa el destino del hombre de bien que acude a la batalla por defender a los suyos.

Hombre Según un papiro, era el nombre de un atleta vencedor en Olimpia en 456 a. C.

Homero El más antiguo de los poetas griegos de nombre conocido, al que los griegos siempre atribuyeron la composición de la *Ilíada* y la *Odisea*, aunque los estudiosos decimonónicos han puesto en duda su existencia, atribuyendo a la tradición oral buena parte de los elementos que conforman esas epopeyas. Es el autor más citado por Aristóteles en las *Éticas*, incluso por delante de Sócrates y de Platón.

Milón (siglo VI a. C.) Famosísimo atleta al que se atribuían seis victorias en los Juegos Olímpicos y otras tantas en los Píticos. De él se contaba que había matado una novilla de un soplo y que se la había comido en un día.

Neoptólemo Filoctetes poseía el arco y las flechas de Heracles. Durante el viaje de la expedición contra Troya recibió en el pie una herida que, infectada, despedía un hedor insoportable. Por ello y a sugerencia de Ulises, fue abandonado en la isla de Lemnos.

Cuando el adivino Héleno hizo saber a los griegos que no podrían tomar la ciudad sin las armas de Heracles, Ulises y Neoptólemo volvieron a Lemnos para recuperar al héroe y sus armas, y Neoptólemo, persuadido por Ulises, engañó a Filoctetes haciéndole creer que volvían a Grecia, pero los remordimientos le llevaron a confesar la verdad a pesar de la palabra dada a Ulises.

Pericles (495-429 a. C.) El más destacado político de la Atenas del siglo V hasta el extremo de que su nombre representa por antonomasia el período más brillante de la historia de la Grecia antigua. Los cambios políticos que impulsó llevaron a la plenitud el régimen democrático, y su atrevida política exterior supuso para Atenas el enriquecimiento que permitió que se llevaran a cabo las grandes obras monumentales y artísticas de la Acrópolis.

Pitagóricos Seguidores de las enseñanzas de Pitágoras, dedicadas en su vertiente científica a la matemática y que en lo religioso marcaron una corriente que proponía a sus adeptos normas de vida justificadas a veces mediante una interpretación mística del valor de los números y lo numérico.

Platón (429-347 a. C.) Tras haber sido el más brillante de los jóvenes que seguían a Sócrates, Platón abandonó el camino de la poesía, por el que se sentía atraído, para dedicarse a la filosofía y utilizar sus habilidades literarias como medio para dar a conocer la figura de su maestro.

En torno a 385 a. C., Platón abrió su escuela filosófica en los jardines del héroe Academo, y en los años siguientes redactó lo más brillante de su obra: *Banquete, Fedón, República, Fedro*; poco después, en 367 a. C., se unió a la Academia el joven Aristóteles, ya de diecisiete años.

Para entonces los intereses de Platón se iban despegando de cuestiones éticas y políticas para fijarse más en temas lógicos y acercarse a lo real y a los temas naturales y médicos. Aristóteles, que se mantuvo en la órbita de la escuela hasta la muerte de Platón, pudo participar de cerca de esos estudios que, sin duda, contribuyeron a la formación de sus técnicas y a la amplitud de sus intereses.

La huella platónica es manifiesta en Aristóteles, que retoma frecuentemente el pensamiento de su maestro y lo usa como referencia en sus argumentaciones, sea para utilizar sus razonamientos o, con más frecuencia, para rebatirlos.

Policleto Escultor argivo (activo entre 460-410 a. C.); la más conocida de sus obras es el *Doríforo*, originalmente en bronce, de la que se conservan múltiples copias en mármol de época romana. A su habilidad como broncista se unen sus trabajos teóricos en el *Canon*, donde recogía un sistema de proporción en el que empezando con los dedos de manos y pies relacionaba matemáticamente las demás partes del cuerpo entre sí y con el conjunto.

Príamo En la *Ilíada* es el rey de Troya, de triste destino, pues tras haber sido poderoso y feliz, en su vejez hubo de ver su ciudad destruida, a sus hijos muertos en combate y a sus hijas esclavizadas o violadas, y tuvo él mismo el triste final de morir asesinado.

Radamantis Hijo de Zeus y Europa, no murió, sino que fue al Elíseo, donde, reconocido por su sabiduría y su justicia, es rey y juez del Más Allá.

Sardanápalo Los relatos sobre este legendario rey asirio mezclan datos veraces relativos a varios reyes históricos con elementos del cuento tradicional. Se le atribuían cuantiosísimas riquezas y una desmedida pasión por los placeres.

Sócrates (469-399 a. C.) Escultor de profesión —se dice que estuvo entre los canteros y tallistas que contribuyeron a levantar el Partenón—, Sócrates fue ante todo un hombre de su tiempo, formado en la religiosidad y el sistema de valores que habían conformado la Grecia clásica y curioso de las novedades que venían de la mano de sofistas, matemáticos y músicos.

Su figura fue conocida en Atenas por su participación en los múltiples debates de carácter intelectual que se desarrollaban en la ciudad; fue también el primero de los filósofos en volver su interés del mundo físico de los filósofos jonios a los asuntos concernientes al hombre, y en ocuparse de moral y política con elevadas pretensiones, entre las cuales se contaba la de conseguir definir la virtud, objetivo que logró Aristóteles con su doctrina del «término medio».

Maestro de Platón y de muchos otros de esa misma generación, sus teorías alcanzaron carácter de referencia apoyadas en la imagen que de él nos dan Platón y Jenofonte: la del ideal del filósofo, modelo de coherencia de pensamiento y vida.

Sófocles (495-406 a. C.) Según afirma Aristóteles en la *Poética,* este poeta, el más clásico de los trágicos griegos, sostenía «que en poesía hay que hacer a los hombres como deben ser». No es de extrañar que el Estagirita recurra a un personaje sofocleo para ejemplificar un comportamiento lleno de dignidad.

Solón de Atenas (VII-VI a. C.) Político, legislador y poeta elegíaco incluido entre los Siete Sabios, reconocido por su prudencia moral y política.

Tales de Mileto (VI a. C.) El primer filósofo de la naturaleza, además de geómetra y astrónomo (el primero en predecir un eclipse de sol, según las tradiciones). En contraste con su sabiduría, cuenta Platón que mientras observaba los astros cayó en un pozo, y que su esclava se burló de él por tratar de investigar los cielos cuando no veía lo que tenía a sus pies.

Teognis de Mégara (VI a. C.) Uno de los más destacados poetas elegíacos, sus versos son de especial interés como testimonio del pensamiento de la aristocracia griega en el período de su decadencia.

Ulises Héroe protagonista de la *Odisea*, por su resistencia y su talante paciente ante las adversidades los griegos le consideraban el modelo del hombre sufrido, pero capaz siempre de idear y llevar a cabo planes nuevos para enfrentarse a dificultades inesperadas. También eran proverbiales sus astucias, que articulaba mediante engaños y mentiras siempre que así convenía a sus necesidades.

Este libro se terminó
de imprimir en Barcelona
en marzo de 2025.